Du Licht,
dem unser Licht entspringt

Manfred M. Müller

DU
Licht, dem unser Licht entspringt

Über Zeugen

Immaculata Verlag

Bibliografische Information der Deutschen Nationalbibliothek
Die Deutsche Nationalbibliothek verzeichnet diese
Publikation in der Deutschen Nationalbibliografie;
detaillierte bibliografische Daten sind im Internet über
http://dnb.d-nb.de abrufbar

© 2016 by IMMACULATA VERLAG, Salzburg
Gesamtherstellung: Müller
ISBN: 978-3-9503846-2-8

Inhalt

»Jenes Licht … es war anders, ganz anders … Es war erhabener; denn es hat mich erschaffen, und ich bin niedriger, weil ich von ihm gemacht bin. Wer die Wahrheit kennt, kennt jenes Licht. Wer es kennt, kennt die Ewigkeit. Die Liebe kennt es.«

Augustinus, Bekenntnisse

Einleitung

Ihr werdet meine Zeugen sein

ALLE GESCHICHTEN DIESES kleinen Buches sind Geschichten des Lichts, weil das Licht von oben jeden der Portraitierten getroffen hat. Paulus schreibt im zweiten Korintherbrief: »Denn Gott, der sprach: Aus Finsternis soll Licht aufleuchten!, er ist in unseren Herzen aufgeleuchtet« (4,6). Und bei Jacques Fesch heißt es, er sei »wiedergeboren worden in seinem (Christi) Licht« (42).

Da es Geschichten vom Licht sind, sind es auch Geschichten des Lebens und der Liebe. Denn das Licht stammt von Demjenigen, der von sich sagt: *ICH bin das Licht der Welt,* und der zugleich von sich sagt: *ICH bin das Leben,* und der gekommen ist, *daß wir das Leben in Fülle haben.* Und warum diese göttliche Initiative? Darauf gibt es nur eine Antwort: Weil Er uns liebt. Grundlos.

Es ist staunen machend zu sehen, wie der Mensch, der getroffen wird vom Blitz des Lichts und der Liebe, als Geblendeter zu antworten beginnt. Die Exzesse der Buße einer Margareta von Cortona bleiben unverständlich, wenn man sie nicht als stürmisch-leuchtende Antwort der Liebe versteht. Genausowenig versteht man den armen Bruder Rafael in seiner radikalen Entäußerung, wenn man nicht wahrnimmt, daß er in das Licht des göttlichen Erlösers eingetaucht ist, selbst dann oder auch gerade dann, wenn dieses gleißende Licht sich dem menschlichen Auge als Dunkelheit offenbart: »Ohne sie«, so Bruder Rafael, und er meint seine Liebe zu Gott, »ohne sie wäre es nicht zum Aushalten«.

Genau so werden die vom Licht Getroffenen zu Zeugen. Denn »man *kann* nicht Licht empfangen, ohne zu leuchten. Es liegt im Wesen der Sache« (R. Spaemann). Der Zeuge schaut nicht sich an, denn gemäß einem Wort des weisen Laotse leuchtet der nicht, der sich selbst anschaut. Der Zeuge, welcher den Weg der Heiligkeit wählt, hält den Blick unvermindert auf Christus gerichtet, der das Licht ist, welches in der Finsternis leuchtet (s. Joh 1,5), auf den ewigen Tag, der im Morgenhymnus der katholischen Kirche lobpreisend besungen wird: *Du Gott des Lichts, dem Vater gleich, du Licht, dem unser Licht entspringt.*

Und derart bleibend im Licht wird der beseligende Durst des Zeugen größer und größer, denn er bemerkt, daß das Licht, wie der heilige Thomas feststellt, unaustrinkbar ist. Und wer von dieser Quelle trinkt, will weiterreichen, was er empfangen hat: Der Zeuge will zeugen. Leuchtet es daher nicht ein, daß wir ganz selbstverständlich diese Zeugen, die den Weg der Heiligkeit gegangen sind, anrufen sollten?

Die heilige Margareta von Cortona hat neun Jahre lang ohne Trauschein mit einem verheirateten Adligen zusammengelebt. Warum nicht *sie* anrufen für Menschen, die in der Unordnung einer wilden Ehe leben? Heilige sind schließlich keine leblosen Gipsfiguren auf unerreichbarem Sockel, sondern sie sind unsere Brüder und Schwestern, die uns helfen wollen auf unserem Weg, weil sie den Weg sehr gut kennen. Rufen wir sie an, so werden wir hautnah erleben, wie schnell die Heiligen uns helfen.

Rufen wir Matt Talbot an – rufen wir ihn an für Freunde, von denen wir wissen, daß sie in einer Sucht gefangen sind, sei es in der Alkoholsucht, der Internetsucht, der Drogensucht, der Pornographiesucht oder einer anderen unfrei machenden Abhängigkeit.

Oder: Wenden wir uns an die Zeugen des Lichts, um kraftvoller zu lernen; etwa die Tugenden der Geduld und Beharrlichkeit, die Mary Ward in ausgezeichneter Weise übte. Oder um Berufungen zu klären und zu festigen (Bruder Rafael ist diesbezüglich gewiß ein wunderbarer Ratgeber) oder um neu das Sakrament der Beichte zu beherzigen und auch anderen nahezubringen (wofür Jacques Fesch mit Sicherheit zur Hilfe steht) oder um vielleicht ganz einfach – mit dem seligen Kaspar Stangassinger – das Schweigen und die Heiligung des Alltags zu lernen.

Ein treuer Freund ist wie ein festes Zelt; wer einen solchen findet, hat einen Schatz gefunden. So die apodiktische Aussage im Alten Testament (Jesus Sirach 6,14). Um wieviel mehr gilt sie, wenn der Freund aus der Ewigkeit zu uns spricht. Der Heilige kann mit voller Berechtigung als treuer Freund bezeichnet werden, als das feste Zelt und der Schatz, denn er ist den wirren Zeitläufen enthoben und von wankelmütigen Gesinnungen nicht länger angefochten. Ein jeder, der einen solchen zum Freund hat, kann sich glücklich schätzen, denn es ist wie das Erleben eines alltäglichen Wunders.

Etliche werden wissen, wovon ich spreche. Heilige sind da und ansprechbar. Und Heilige treten in Beziehung. Denn Heilige sind, wie gesagt, durch und durch lebendig. Der Heilige – das ist das Schöne – will in unser Leben kommen und dort seine wesentliche Assistenz ausüben. Er hilft uns, er führt uns, er kämpft mit uns, er begleitet uns. Manchmal dauert die Begleitung eine bestimmte Wegstrecke, in der wir besonders diesen einen Heiligen nötig haben. Dann kann es sein, daß der Heilige sich diskret zurückzieht, um einem heiligen Bruder oder einer heiligen Schwester den Vortritt zu lassen, weil jetzt ein anderer oder auch eine andere gütig in unserem Leben mitwirken will.

Und wie konkret sind die Heiligen. *Konkret:* Das Wort ist lateinischen Ursprungs und meint von seiner Wortbedeutung her das *Zusammengewachsene.* Genau dies geschieht, wenn wir uns auf die Heiligen einlassen. Sie verwachsen mit unserem Leben, sie sind am Montag da, am Dienstag und an all den anderen Wochentagen, und naturgemäß auch sonntags. Sie sind da, selbst wenn sie unsichtbar da sind. Aber was heißt schon unsichtbar? Auch die Liebe ist unsichtbar und ist doch wirkmächtig in so vielen Zeichen und Gebärden und Worten. Nicht zu vergessen in so vielen augenzwinkernden Ereignissen. Da kann es dann sein, daß plötzlich, unerwartet, vielleicht in eine Zeit der Schwere und gefährlichen Trübsinnigkeit hinein, der Heilige überraschend sich durch einen fröhlichen Hinweis bemerkbar macht und so über eine Stunde hinweghilft, in der man sich mutterseelenallein fühlte und der Verzweiflung nahe.

Papst Benedikt sagte einst: *Wer glaubt, ist nie allein.* Wie wahr ist dieses Wort. Die »Gemeinschaft der Heiligen«, die wir im Credo bekennen, meint sowohl das Teilen der heiligen Güter als auch das Band der Verbundenheit mit all den heiligen Zeugen vor uns, die durch ihr christliches Leben – oft nach einer erschütternden Bekehrung – uns Heutigen die Hand reichen, damit unser eigenes Leben glücken kann. Wieviel Dank schulden wir dir, Petrus, und dir, Paulus, und dir, Thomas, und natürlich auch dir, Johannes, und dir, Hildegard, und Teresa und Thérèse und Ignatius und Faustyna und P. Pio. Daß wir überhaupt *du* sagen dürfen ... Ja, diese himmlische Vertrautheit beruht darauf, daß wir alle vereint sind in dem Einen, der das Grundwort zu uns gesprochen hat und uns anzieht: Christus. ER hat das Wort gesprochen: *Euch aber habe ich Freunde genannt* (Joh 15,15). Und dieses göttliche *Amen* hält uns und verbindet uns.

Wenn nun von einigen dieser besonderen Freunde in diesem kleinen Buch erzählt wird, so handelt es sich gleichsam nur um Blitzlichter oder, um einen modernen Vergleich zu bringen, um Visitenkarten, wie sie heute gang und gäbe sind. Auf den vorliegenden Visitenkarten stehen nur wenige Daten, verdichtete Zusammenfassungen, geraffte Aufnahmen, in der Zuversicht jedoch, daß dieses Wenige genügt, um die Portraitierten – manche von Ihnen Heiliggesprochene, andere Seliggesprochene, wieder andere auf dem Weg zur Seligsprechung – zum Leuchten zu bringen. Den berühmten *splendor veritatis,* den Glanz der Wahrheit, der kein Glanz neuer, gieriger Attraktivität ist, sondern unverbrüchlicher Glanz der immerjungen Ewigkeit, ihn, so unsere Absicht, wollten wir in einer Sprache, die sich um Maß und Schönheit bemüht, neu aufstrahlen lassen, zumal das Licht, immer wieder das Licht, uns nicht in Ruhe läßt. Und ist es nicht auch wahr, daß die Zeitgenossen heute oft genug

ermüdet sind von allzu vielen trüben Interessen und Ab-
lenkungen und Aberneuigkeiten, so daß es sinnvoll sein
mag, ihnen eine Handvoll Zeugen, die in die Sammlung
führen und uns voraus sind, als glaubwürdige Wegweiser
mitzugeben.

Und vielleicht, so unsere Hoffnung, werden die wenigen Zeilen auch wie Flaschenpost sein, die hinweist
auf eine Welt, die hell ist und nach der die Sehnsucht
drängt. Freilich: Die Flaschenpost sagt dem wenig oder
nichts, der im Satten zuhause ist, aber sie sagt dem etwas
oder viel, der ein Fremdling ist, gestrandet in dieser Welt.
Denn nur der Gestrandete weiß, daß er sich stets tiefer
nach dem einen Notwendigen sehnt, dem Hafen der Erlösung. Und wenn die vorliegende Post dem Fremdling
von der Erlösung Mitteilung macht und also von dem
Erlöser, Jesus Christus, welcher *derselbe ist gestern und heute und in Ewigkeit* (Hebr 13,8), dann hat sie ihren Sinn bei
weitem erfüllt.

Wien, 1. November 2015, Allerheiligen

† 67 n. Chr.

Ein Verfolger, der zum Verkünder wird. Ein Streiter, der ein Liebender ist. Ein Missionar, der allen alles wird. Wer Paulus begegnet, trifft den Mann, der den Schatz im Acker gefunden hat. Und da der Schatz Christus ist, braucht es nichts weiter: »Denn für mich ist Christus das Leben« (Phil 1,21). Und dieses Leben glüht und leuchtet und verbrennt. Und Paulus ist sein Zeuge, der dreizehnte Zeuge.

I. Paulus

Das Licht

IN DER JÜDISCHEN DIASPORA, in Tarsus (im Gebiet der heutigen Türkei) wird er geboren. »Hebräer von Hebräern« (Phil 3,5), aus dem Stamme Benjamin, wird er gemäß der jüdischen Tradition erzogen und besitzt neben dem Bürgerrecht der Stadt Tarsus auch das römische Bürgerrecht.

Vielleicht noch als junger Mann kommt er nach Palästina, wo er Anhänger des sogenannten *neuen Weges* kennenlernt – Christen, die in Jesus, dem Auferstandenen, den Messias und Vollender der alttestamentlichen Verheißungen anbeten. Er widersetzt sich der neuen Verkündigung; bei der Steinigung des Christen Stephanus, so berichtet die Apostelgeschichte ausdrücklich, ist Saulus mit dem Mord einverstanden (Kap. 7). Und auch bei den anschließenden Verfolgungen der jungen Christengemeinde steht Saulus an vorderster Front: Er »wütet immer noch mit Drohung und Mord gegen die Jünger des Herrn« (Apg 9,1).

Dann jedoch geschieht das Unerwartete. Noch während er Christen verfolgt, auf dem Weg nach Damaskus, erscheint dem Verfolger der Auferstandene. Die Zäsur (womöglich um das Jahr 33 n. Chr.) ist unwiderruflich.

Er läßt sich taufen, nimmt das christliche Bekenntnis an. Der Apostel ist geboren.

Schon bald muß er Damaskus – offensichtlich weil seine Verkündigung auf Widerstand trifft – fluchtartig verlassen. Laut dem Galaterbrief zieht er nach Arabien, und erst drei Jahre später geht er nach Jerusalem, um Petrus zu treffen (Gal 1,17 ff). Vierzehn Jahre später ist er wieder in Jerusalem, diesmal, um mit den Apostelautoritäten seine Missionsarbeit unter den Heiden zu besprechen. Bei diesem Apostelkonzil wird der Auftrag des Paulus endgültig bestätigt: Seine Sendung ist es, das Evangelium den Völkern zu verkünden, den Unbeschnittenen, den Heiden.

Die Gnade dieser Sendung prägt das Leben des Paulus. Auf drei Missionsreisen, die ihn über Asien hinaus auch nach Europa führen, versucht der im bürgerlichen Beruf das Handwerk des Zeltmachers ausübende Paulus das Zelt Christi zu errichten. Gemeinden in Kleinasien, Mazedonien und Griechenland entstehen. Freuden, Mühen, Anstrengungen, Glück, unendliche Beschwer – der Apostel geht durch Höhen und Tiefen, ohne je seine Überzeugung zu verlieren, daß »Er, Christus, das Haupt ist« (Eph 4,15), der alle in Seinem Leib einen will.

Als Paulus schließlich seine letzte Reise antritt, nach Rom, ist er, nicht zum erstenmal, »um des Herrn willen« (Eph 4,1) ein Gefangener. Doch auch als in seiner Freiheit Beschränkter und Überwachter verkündet Paulus in seiner römischen Mietwohnung weiterhin das Reich Gottes, welches, auch wenn ihm Gewalt angetan wird, nicht aufzuhalten ist. Und in Rom vollendet sich der Weg des Paulus. In der neronischen Verfolgung wird er, der einstige Verfolger, enthauptet. Sein Märtyrergrab wird in der römischen Basilika *San Paolo fuori le mura* (Sankt Paul vor den Mauern) verehrt.

Die Sendung

Dreimal kommt die Apostelgeschichte auf das Bekehrungserlebnis des Paulus zu sprechen (Kap. 9,22 u. 26), und es ist wie ein dreimaliges Aufleuchten dreifaltiger Beseligung. Das empfangene Licht brennt und brennt. Der Niedergestürzte ist drei Tage lang blind, wir wissen nicht, welche Umschmelzung in welchem Feuer in diesen drei Tagen vor sich ging. Aber später, da Paulus sehend ist, deutet sich sogleich an, daß er das empfangene Licht nicht für sich behalten kann. Der, der ihn erleuchtend versehrt hat, wird nun von Paulus in die Welt getragen, auf daß die Welt zu brennen beginne: »Weh mir, wenn ich das Evangelium nicht verkünde!« (1 Kor 9,16) Und die doppelte Bewegung der Gnade, die das zentrale Ereignis vor Damaskus auszeichnet, prägt sich aus im Leben des Missionars: Er wird niedergeworfen und steigt, er ist erhoben und doch erniedrigt. Nur mehr die Zuspitzung des Unmöglichen vermag sein Leben im Lichtschein der Gnade zu beschreiben: Auswurf zu sein und doch in der Glorie beheimatet zu sein, »wir werden beschimpft und segnen; wir werden verfolgt und halten stand; wir werden geschmäht und trösten« (1 Kor 4,12 f).

Er ist im wahren Wortsinn der Gebrannte seines Herrn, der Knecht, der das Brandzeichen Christi fortan an seinem Leibe trägt. Ihn, Christus, der sich selbst als *das Licht der Welt* (Joh 8,12) bezeichnete, gilt es, den Menschen zu verkünden. Und diese Verkündigung duldet keinen Aufschub und keine Rast. Der Glaube kommt vom Hören. Wie aber soll gehört werden, wenn nicht verkündigt wird (vgl. Röm 10,14 ff)?

Paulus selbst steht unter der einfordernden Macht dieses Wortes, darum schont er sich nicht. Wiewohl kein glänzender Rhetor, wiewohl in Furcht und Zittern nach Korinth kommend, in eine Gemeinde, die zerstritten und uneins ist, wagt er es, den Gekreuzigten zu verkündigen, den Schandfleck der Geschichte, das Ärgernis, den Skandal.

Sein Freimut ist sprichwörtlich. In Thessalonich, in Philippi, Ephesus, Athen und anderen Städten wird er ob seiner unerschrockenen Verkündigung verspottet, mißhandelt, angeklagt. Er tritt Zauberern, Götzendienern und eifersüchtigen Juden entgegen. Den Galatern, die in der Gefahr stehen, leichtfertig die gerade angenommene Frohe Botschaft gegen abgelegtes Abergläubisches einzutauschen, hält er die rücksichtslose Strafpredigt: »Was ich gesagt habe, das sage ich noch einmal: Wer euch ein anderes Evangelium verkündet, als ihr angenommen habt, der sei verflucht« (Gal 1,9).

Da ist kein kleinliches Herumreden, kein feiges Geplänkel, um Ansehen zu genießen oder Menschen zu gefallen. Da ist, bei aller eingestandenen Schwäche, letztlich nur die Leidenschaft für Christus, für den alle zu gewinnen sind. In seinem Brief aus dem Gefängnis, an Philemon adressiert, heißt es bezeichnenderweise: »Erfreue mein Herz; wir gehören beide zu Christus« (20).

Wie viele Wegstrecken hat dieser Seelsorger zurückgelegt, um das Wort seines Meisters zu erfüllen: »Geht ... tauft ... lehrt« (Mt 28,19 f). Wie viele Strapazen, Demütigungen, Auspeitschungen, Mißhandlungen, Gefangennahmen hat er erduldet für seinen Herrn? Die Gewißheit, die ihn trägt, spricht er im Römerbrief aus: »Bei de-

nen, die Ihn lieben, führt Gott alles zum Guten« (8,28).
Nicht einiges, nicht vieles – Gott nimmt *alles* und führt
alles zum Guten. Darum kann es für Paulus letztlich keine Niederlagen geben.

Der unerschöpfliche Quellgrund seines Apostolates
bleibt dabei seine Berufung vor Damaskus. Wer Paulus
verstehen will, muß immer wieder die Damaskusszene-
ne betrachten, deren Licht und Dunkel Caravaggio in
seinem berühmten Gemälde eingefangen hat. Die Berufung geschieht »unterwegs« (Apg 9,3), so als sei damit
bereits für immer das Geschick des Missionars Paulus
vorgezeichnet. Saulus stürzt, das Licht umstrahlt ihn.
Und so, am Boden liegend, im Licht, geschieht das alles
ändernde Gespräch zwischen dem Herrn und seinem
Knecht. Zwei Fragen: *Wer bist Du, Herr? Herr, was soll
ich tun?* Die Selbstaussage des Herrn und Sein Befehl:
ICH bin Jesus, den du verfolgst. Steh auf und geh in die Stadt.
Danach ist Saulus für immer ein Anderer.

Die Bekehrung des Saulus ist bis heute als paradigma-
tisches Modell verstanden worden, die Redewendung
»vom Saulus zum Paulus« ist allerorten bekannt. Warum?
Verstanden wurde offensichtlich, daß sich hier, in der
Biographie des Paulus, Wesentliches über das Christsein
an sich ablesen läßt. Es ist immer Gott selbst, der die Initiative ergreift. ER ist der erste Handelnde. Der Mensch
ist der Getroffene.

Jede Rede, die vorgibt (wie es heute üblich geworden
ist), daß das Verhältnis von Herr und Knecht dasjenige
von zwei Menschen auf Augenhöhe sei, verkennt das Geheimnis der Liebe. Der Liebende bückt sich vor dem Geliebten, und der Geliebte seinerseits bückt sich vor dem
Liebenden. Der von der Liebe Getroffene erkennt, daß

der ihm zustehende Platz der letzte ist, weil der einzig wahrhaft Liebende, Gott, eben diesen Platz eingenommen und also die Erniedrigung bis zum Äußersten getrieben hat.

Augenhöhe? Die Liebenden erniedrigen sich in Demut. »Ich glaube nämlich, Gott hat uns Apostel als Hinterste hingestellt, wie Todgeweihte« (1 Kor 4,9). Und es verschlägt wenig, wenn die Welt darob den Kopf schüttelt, »denn wir sind zum Schauspiel geworden für die Welt, für Engel und Menschen.« Nicht der Applaus und die Augenhöhe sind im Blickfeld des Bekehrten, wohl aber die Schmach, die es zu tragen gilt, und die Lumpen, die es zu tragen gilt, und die Heimatlosigkeit, die es zu tragen gilt. Doch das ist nicht Alles. Denn das Wesentliche des intimen Vorgangs der Bekehrung läßt sich, da es unsere ärmlichen, wiewohl notwendigen Begriffe sprengt, nur mehr blendend aussagen: Sturz ist Sieg, aus Lumpen wird Gewand der Auserwählung, Blendung ist Helle, denn »würde ich sagen Finsternis soll mich bedecken, statt Licht soll Nacht mich umgeben, auch die Finsternis wäre für dich nicht finster« (Ps 139 11).

In der Dunkelheit der Nacht wird der Eiferer gewandelt. Diese Nacht ist gleichsam das *Triduum paschale* des Paulus. Ihm, dem Verfolger, wird vor Damaskus die Gnade der Auf-Erstehung geschenkt. »Steh auf und geh« (Apg 9,6), so lautet der Befehl des Auferstandenen an den Niedergestürzten. Denn tatsächlich ist Saulus jetzt derjenige, der auferstanden ist und gehen kann. Aber der Weg muß ihm gezeigt werden. Wie ein Kind muß er bei der Hand genommen und geführt werden. Und doch ist der Gefallene und Geführte der Auferstehende. Zur Auferstehung gehört allerdings die Passion. In seiner Nacht der Erblindung holt Paulus daher die Passionserfahrung nach. Er erleidet das dreitägige Dunkel, den Tod des alten Menschen, über den der Schleier des Unsagbaren gebreitet ist und der realsymbolisch dadurch betont wird, daß, wie der Geschichtsschreiber Lukas den Lesern mitteilt, Paulus in diesen drei Tagen nichts ißt und nichts trinkt (Apg 9,9). Am dritten Tag wird die Auferstehung sodann gleichsam besiegelt. Hananias kommt zu Paulus, legt ihm die Hände auf, und der Erblindete vermag zu sehen.

Aber es ist nicht das alte, altbekannte Sehen, das Paulus wiedergeschenkt wird. Hananias sagt zu dem Blinden: »Du sollst wieder sehen und mit dem Heiligen Geist getauft werden« (9,17). Darum geht es. Die geöffneten Augen des Apostels sind von nun an die Augen, die im Licht Christi schauen. Das ist wortwörtlich wahr. Denn was sieht Paulus nach seiner Heilung? Er sieht Hananias (s. Apg 22,13). Hananias jedoch gehört genau zu denen, die Saulus einstmals verfolgte. Aus dem Feind ist nunmehr der Bruder geworden. Ausgerechnet Hananias, der verfolgte Christ erweist sich als derjenige, in dem die heilende Macht Christi ihm, Paulus, entgegenkommt und sich spürbar kundtut. Ist nicht in dieser tatsächlich revolutionären Begegnung, die das Weltbild des Verfolgers Saulus umkippt, indem sie ihn in das Gesicht des Bruders schauen läßt, der Keim zu finden für das, was der Missionar Paulus später nicht müde wird zu betonen: daß wir ein Leib sind in Christus? Und ist nicht bereits diese Bekehrung durch einen *anderen* Bruder erfleht, den Bruder Stephanus?

Und weiter: Wurzeln nicht hier, in der Verwundung vor Damaskus, die anderen zentralen Gewißheiten

des Paulus, die er seitdem seinen Mit-Christen weiter-
schenkt? Christus wird verkündigt als der Auferstandene,
denn ohne die Auferstehung ist unser Glaube sinnloser
als die Idiotie irgendeiner Fabelei.

Doch derselbe Christus trägt die verklärten Wund-
male und wird daher von Paulus als der Gekreuzigte
ausgerufen. Auch diese Gewißheit läßt sich nur in der
helldunklen Sprache des leidenschaftlichen Zeugen aus-
drücken, des Stigmatisierten, der in seiner Begeisterung
das Mysterium der Menschwerdung zugleich besingt
und in Schweigen hüllt.

Hananias hatte dem Überwältigten die Botschaft des
Herrn mitgeteilt: »Du sollst vor allen Menschen sein
Zeuge werden für das, was du gesehen und gehört hast«
(Apg 22,15). Pauli Leben als Apostel und Missionar ist
nach seiner Wandlung eingeschlossen in dieses unscheinbare Wort: Zeuge. Er ist der dreizehnte Zeuge, der im
zweifachen Sinne zeugt. In unablässigem Eifer bezeugt
er die Wahrheit des empfangenen Evangeliums: »Christus ist für unsere Sünden gestorben, gemäß der Schrift,
und ist begraben worden. Er ist am dritten Tag aufer-
weckt worden, gemäß der Schrift, und erschien dem
Kephas, dann den Zwölf« (1 Kor 15,3 ff). Und in ebenso
unablässigem Eifer zeugt er als geistlicher Vater christliche Gemeinden: »Hättet ihr nämlich auch ungezählte
Erzieher in Christus, so doch nicht viele Väter. Denn in
Christus Jesus bin ich durch das Evangelium euer Vater
geworden« (1 Kor 4,15). Den Weg dieses Zeugen ermißt,
wer ihn als Zeuge bei der Steinigung des Stephanus sieht,
um ihn später als Zeuge der Frohbotschaft zu erleben.

Dabei soll alles zur Verherrlichung Gottes geschehen.
Zwar ist sich Paulus seiner singulären Erwählung und

der daraus resultierenden unanfechtbaren Stellung als Heidenmissionar durchaus bewußt, aber seine siegesfeste Überzeugung weiß sich ein- und unterzuordnen. Er verkündet nicht sich selbst, sondern den, der ihn, »die Mißgeburt« (1 Kor 15,8), berufen hat. Vor dessen Herrlichkeit hat sich jedes Knie zu beugen (s. Phil 2,10). Und Paulus, der exzellent ausgebildete jüdische Gesetzeslehrer, ist der Erste, der sich der Größe des Menschgewordenen beugt, wissend, daß jede menschliche Weisheit, jede Rhetorik, jede Sicherheit zuschanden wird vor der Torheit des Kreuzes und der unbegreiflichen Gnade des Gekreuzigten.

Es gehört zur wunderbaren Gestalt des Paulus, daß ausgerechnet er, der Kämpfer, der Streiter Christi, der Gefangene, der vielfach Gefolterte und Malträtierte, der Vorwärtsstürmende und Krieger, der für Christus Menschen erobern will, daß ausgerechnet dieser Welteneroberer das Hohelied der Liebe singt: »Wenn ich in den Sprachen der Menschen und Engel redete, hätte aber die Liebe nicht …« (1 Kor 13,1).

Schaut man freilich genauer hin, so finden sich die lyrischen Töne bei Paulus in allen Briefen. Denn Paulus ist ein Liebender, er ist der Apostel mit dem großen Herzen: »Laßt doch (…) – ich rede wie zu meinen Kindern – auch euer Herz weit aufgehen!« (2 Kor 6,13), so bittet er die Korinther, während er den Philippern versichert: *weil ich euch ins Herz geschlossen habe* (1,7).

Er ist der Aufgebrochene, der, auch dies die Konsequenz der Damaskuserfahrung, Christus als denjenigen wahrgenommen hat, der ihn, den Verblendeten, seit je geliebt hat. Und Paulus beantwortet diese Liebe mit einer Hingabe, die fortan nur mehr eines kennt: Christus –

Christus, der Herr, Christus, der Sohn, Christus, der bis zum Tod am Kreuz Gehorsame, Christus, der uns freigekauft hat. Im Herzen dieses feurigen Missionars schlägt seit Damaskus unaufhörlich das Herz eines Kindes, das sich tiefer und tiefer in die Geheimnisse Christi einführen läßt, in dem alles lebt und ist. Was bleibt, ist das Staunen des Kindes vor den Abgründen der Ewigen Majestät: »O Tiefe des Reichtums, der Weisheit und der Erkenntnis Gottes! Wie unergründlich sind seine Entscheidungen, wie unerforschlich seine Wege! Denn wer hat die Gedanken des Herrn erkannt? Oder wer ist sein Ratgeber gewesen? Wer hat ihm etwas gegeben, so daß Gott ihm etwas zurückgeben müßte? Denn aus ihm und durch ihn und auf ihn hin ist die ganze Schöpfung. Ihm sei Ehre in Ewigkeit! Amen!« (Röm 11,33 ff)

Wer mehr wissen will

Baumert, Norbert S.J., Sorgen des Seelsorgers. Übersetzung und Auslegung des ersten Korintherbriefes, Würzburg 2007.

Benedikt XVI., Paulus entdecken, Leipzig 2008.

Hesemann, Michael, Paulus von Tarsus. Archäologen auf den Spuren des Völkerapostels, Augsburg 2008.

Thiede, Carsten Peter, Paulus. Schwert des Glaubens, Märtyrer Christi, Augsburg 2004.

* 1247   † 22. Februar 1297

Tiefen und Höhen hat sie durchschritten. Ihr Weg ist steinig, und das meint keine billige Redewendung. Ihr Weg ist tatsächlich steinig und steil, er führt aus der Niederung der Sünde in die Höhe der Lauterkeit. Am Ende ihres Lebens ist sie auch geographisch in der Höhe angekommen: In der Einsamkeit einer hochgelegenen Einsiedelei, wo sie, nach zahlreichen Ekstasen und Verzückungen, im Alter von fünfzig Jahren ihren Bräutigam erwartet. »Das größte Wunder«, so einer ihrer Biographen, »bleibt immer ihr Leben.«

II. Margareta von Cortona

Die Flamme

IHRE ELTERN SIND FROMME Bauersleute, und man darf annehmen, daß sie hier, im Elternhaus, beten gelernt und die Grundlagen des christlichen Glaubens kennengelernt hat. Der häusliche Kreis wird jedoch jäh aufgebrochen, als ihre Mutter stirbt. Margareta ist gerade mal acht Jahre alt. Der Vater heiratet schließlich ein zweites Mal, doch mit der Stiefmutter geht es dem Kind schlecht. Sie ist sechzehn, als sie von zu Hause auszieht. Aber sie zieht nicht ins Nirgendwo, sondern zu einem jungen Adligen auf dessen Schloß.

Mit ihrem Geliebten Arsenio, Gutsbesitzer von Montepulciano, lebt sie die nächsten neun Jahre in wilder Ehe zusammen. Sie ist schön, gefährlich schön. Die Leute staunen über die verführerische Schönheit der jungen Frau. Und Margareta lernt das luxuriöse, verschwenderische Leben auf Schloß Montepulciano kennen. Die kostbaren Roben, der Schmuck, die Bewunderung der Anderen tun ein Übriges, daß Margareta zum Mittelpunkt wird. Das Glück scheint überbordend, wenn da nicht dieser Stachel wäre, den die rauschenden Tage und Wochen und Monate nicht auslöschen können: Die Ehe, die ihr der junge Lebemann verspricht, kommt nicht zustande.

Margareta sehnt sich nach der Vermählung, und Arsenio verspricht ihr die Vermählung. Aber das Versprechen wird nie eingelöst.

Ein Kind aus dieser Beziehung, ein Knabe, kommt zur Welt. Das Leben nimmt seinen Lauf. Die Schloßherrin besticht weiterhin durch ihre Schönheit. Es ist im neunten Jahr ihrer ungeordneten Beziehung, als, mitten in der rastlosen Trunkenheit des Glücks, das Unglück geschieht. Ihr Geliebter ist unterwegs und zur vorgesehenen Stunde nicht ins Schloß zurückgekehrt. Mehrere Tage sind bereits verstrichen, ohne daß Margareta ein Lebenszeichen Arsenios erhalten hätte. Da taucht plötzlich der Hund ihres Geliebten auf und zerrt die Schloßherrin an deren Gewand. Margareta gibt endlich dem Drängen des Hundes nach und folgt der Fährte, die das Tier angibt. Sie kommt schließlich bei einem Reisighaufen im nahen Wald an. Der Hund bellt. Die junge Frau nähert sich und entdeckt das Ungeheuerliche. Unter den aufgeschichteten Zweigen liegt der entstellte Leichnam ihres Geliebten. Von Räubern überfallen und umgebracht, hat man ihn notdürftig an dieser Stelle verscharrt. Arsenio ist bereits verwesend. Die Entdeckung ändert alles.

Die Buße

Denn die Entdeckung ist wahrhaft Entdeckung. Mit einer Wucht sondergleichen wird die verschleiernde Decke des Selbstbetrugs weggerissen. Die Hand des Herrn, so wird es später heißen, ist über sie gekommen. Sie erkennt schlagartig, was das niedergehaltene Gewissen ihr in den vergangenen Jahren mehrmals vergeblich in Erinnerung rief: Sie, Margareta, lebt in der Sünde. Und der Sold der Sünde ist der Tod. Und der Tod ist kein Gespenst aus frommen Märchen, sondern nackte Realität. Arsenios verwesender Anblick ist unwiderruflich da. Der tote Geliebte ist da.

Ihr Leben ist bis in die Grundfesten erschüttert. Es ist die Stunde, da sich ihr Leben *sub specie æternitatis* entscheidet; und wie könnte es anders sein, es ist auch die Stunde, in der ihr der Widersacher ätzend zu Leibe rückt. Er flüstert ihr ein, sie solle ihr weiteres Leben derart weiterführen, daß sie aus ihren Reizen Kapital schlägt. Und es gehört zu den unfaßbaren Geschenken der unverdienten Gnade, daß Margareta in diesem Sturm der Anfechtung nicht nachgibt, sondern vielmehr den Beginn ihres neuen Lebens betritt. Ihren Sohn nehmend, schwarzgewandet, ohne den gleißenden Schmuck der vergangenen Jahre, verläßt sie das Schloß und kehrt in das Haus des Vaters und der Stiefmutter zurück. Dort will sie um Unterschlupf bitten. Aber die Stiefmutter weist sie ab, die Schande Margaretas soll nicht ihr Haus ruinieren.

Sie steht damit auf der Straße. In einem zweiten Schritt der Suche bittet sie im nahegelegenen Franziskanerkloster um Rat und Unterkunft. Aber auch dort wird sie abgewiesen. Sie ist zu jung und zu schön. Ihre Worte, sie begehre danach, ein Leben der Buße zu führen, überzeugen den Pförtner des Klosters nicht. Die Tür zum Kloster bleibt verschlossen.

Sie macht sich daraufhin neuerlich mit ihrem Kind auf die Suche, diesmal Richtung Cortona. Dort nimmt ihr Schicksal die erstaunliche Wende. Zwei vornehme Frauen, denen die Büßerin begegnet und denen sie ihre Lebensumstände schildert, nehmen sie in ihr Haus auf und stellen ihr eine Kammer zur Verfügung. Hier nun beginnt der steile Weg der Margareta von Cortona.

Sie sagt der Welt und ihren Verlockungen ab, sie wird zur Törin um Christi willen, die – wie es geschehen konnte – mit einem Strick um den Hals, so als sei sie eine zum Tode Verurteilte, die örtliche Kirche betrat, um derart für alle sichtbar die Strafe aufzuzeigen, die sie eigentlich verdient hätte. Ihren Leib, der jahrelang verführerisch zur Schau gestellt wurde, züchtigt sie nun in härtester Strafe. Erschreckend? Ja, erschreckend. Aber in diesem Schrecken der Totalität, bricht sie wortwörtlich auf. Sie wird die »kleine Arme« Jesu. Sie pflegt die Kranken und Notdürftigen im Städtchen und errichtet gegen alle Widerstände eine Art Spital für die Notleidenden.

Ihren Sohn, und auch dies gehört zum erschreckend Unverständlichen ihres Weges, gibt sie Franziskanern zur Betreuung. »Keiner, der seine Hand an den Pflug legt und zurückschaut, ist tauglich für das Reich Gottes« (Lk 9,62). Dieses Herrenwort nimmt in ihrem Leben eine Schärfe an, gegen die ein Rasiermesser stumpf ist. Darf eine Mutter, die den Weg der Heiligkeit betritt, ihr Kind weggeben, wobei dieses Weggeben in den Augen vieler einem Verstoßen gleichkommt? Ohne das *skandalon* zu glätten, bleibt doch die *andere* Frage: Ist ein Heiliger überhaupt noch mit den Kriterien der Welt zu beurteilen? Den geisterfüllten Menschen vermag niemand zu beurteilen, schreibt Paulus (s. 1 Kor 2,15) und unterstellt sich dem Gericht Christi. Und eben dieser Christus verlangt von seinen Heiligen nicht nur viel, sondern Alles. Und auch von Margareta hat Christus alles eingefordert. Und darum besteht die berechtigte Hoffnung, daß Margaretas Sohn, nachdem sie ihn weggeben hatte, in die Obhut Christi übernommen wurde. Wer es fassen kann, der fasse es.

Meine Tochter

Das Geheimnis der Heiligkeit bleibt. Margareta von Cortona hat den Weg der Verirrung wie der büßenden Reinigung und Erhöhung weit ausgeschritten. Wen würde ihr Leben nicht ergreifen? Der Glaube wird früh bei ihr grundgelegt. Das Elternhaus hinterläßt seine Spuren in ihr. Aber in diesem Elternhaus erfährt sie auch den frühen Schmerz der Zurückweisung und des Nichtverstandenwerdens. Und dann taucht Arsenio auf. Und die Romanze beginnt, wie sie in soundsovielen Geschichten und Novellen vorkommt. Und die verführerische Frau wird verführt. Und das Schloß lockt, und all die Träume und Versprechungen locken. Es ist die uralte Geschichte von Wunsch und Sehnsucht und Erfüllung und Nichterfüllung. Nichts Neues unter der Sonne, könnte man denken. Bis schließlich das Neue im wahren Wortsinn einbricht und das Kartenhaus eines Lebens, das auf Sand gebaut ist, zusammenstürzen läßt.

Doch die Frau, die es trifft, wählt nicht den Weg der Verzweiflung. Auch nicht den Weg der weiteren Verführung, wiewohl der Versucher versucht, ihr diesen Weg schmackhaft zu machen. Wie leicht wäre es gewesen, ihre verführerische Schönheit zu Markte zu tragen und eventuell einzugehen in die Geschichte der Renaissance als *femme fatale*. Die Stimme des Versuchers hält Margareta das abgründige Versprechen hin. Und doch wählt diese Frau, die am Boden liegt, die allein mit einem Kind dasteht, nicht den Weg der Welt, sondern den Weg der Buße. Es ist der Weg, der in eine grenzenlose Trauer führt. Und Margareta erspart sich auf

diesem Weg keine Abkürzungen. Daß die Jahre der Buße von einer furchtbaren Härte sind, das haben bereits
ihre Zeitgenossen festgestellt, um wieviel mehr halten
wir Nachgeborenen die Luft an, wenn wir von Margaretas unerbittlichen Selbstkasteiungen lesen. Ihr Körper,
der einstmals verführerisch glänzte, wird von ihr jetzt,
nach dem Schock, rücksichtslos gestraft. Sie will nicht
länger die Berauschende sein. Sie will die Büßende sein,
die für ihre Sünden, die auch andere in den Untergang
zogen, Abbitte leistet.

Im Hebräerbrief heißt es: »Ihr habt im Kampf gegen
die Sünde noch nicht bis aufs Blut Widerstand geleistet«
(12,4). Margareta leistet diesen Widerstand. Ihre Buße ist
eine blutige. Es ist müßig, sich darüber zu entrüsten. Heilige entziehen sich den billigen Maßstäben einer Welt,
die, wie der Herr selbst sagt, dem »Fürsten dieser Welt«
(Joh 12,31) untersteht. Wer den Dingen auf den Grund
geht, und das heißt im Falle Margaretas, wer der Tatsache der Verführung auf den Grund geht, der steht irgendwann *dem* Verführer gegenüber, und diesem ewigen Widersacher ist nicht beizukommen mit halbherziger frommer Praxis, sondern nur mit dem Willen, der bereit ist
zu sterben.

Margaretas Kampf dauert Jahre. Es ist der Kampf um
die Freude. Erst als sie weltlich gesehen tot ist, kommt
die Freude zum Vorschein. Doch der Tod ist, wie jedes
geistliche Ereignis, Geschenk. Margareta stirbt in die
vollkommene Buße hinein, um in die Freude aufzuer-
stehen. Die Peripetie ist, wie könnte es anders sein, von
Jesus selbst vollzogen. Er, der immer wieder zu seiner
armen Büßerin in mystischer Zwiesprache kommt, teilt

ihr eines Tages in einer Entrückung das erlösende Wort mit: *Meine Tochter.*

Es ist das kardinale Wort, das einer Türangel gleich das Leben wendet und öffnet. Margareta selbst hat nach den Worten eines ihrer Biographen bekannt: »*O lang ersehntes Wort, mit brünstigem Geist erfleht, o Wort der festen Zuversicht und freudigster Erinnerung! Meine Tochter, sagte er, mein Gott. Meine Tochter, sagte er, mein Christus.*« Mit diesem Wort öffnet sich die Tür zur Freude, die bleibt, wobei in diesem Wort zugleich merklich wird, daß der Herr lange auf sie wartete und sie lange vorbereitete, derart, daß Margareta, als die Türe aufgeht, von freudigster *Erinnerung* sprechen kann, so als habe dieses Wort seit unvordenklichen Zeiten in ihr geschlummert, um zu guter Letzt in den Jahren der Buße von den es verdeckenden Schlacken befreit zu werden, wie schmelzender Schnee das keimende Grün zum Vorschein bringt.

Wer eine Fürsprecherin der Freude sucht – hier, bei Margareta von Cortona, kann er fündig werden. In einer Zeit, die an ihren endlosen Vergnügungen zu ersticken droht, die sich verausgabt in stets neuen Späßen und Aberspäßen, um desto leerer in einem Alltag zurückzubleiben, der nur mehr grau genannt wird, nimmt die Heilige aus Cortona den am Spaß Verzweifelnden – wenn er will – an der Hand und führt ihn durch den Abgrund des Spaßes hindurch in die junge, echte, frühlingshafte Freude.

Und wer dieser Freude standhält – denn die Freude verlangt nach starken Gemütern –, der wird weitergeführt. Nennen wir es *Sendung.* Denn die Freude will nicht bei sich bleiben, sondern verlangt nach Mitteilung.

Und welch' wahrhaft große Sendung wäre es heutzutage, die Freude mitzuteilen.

In einem der Gespräche der Liebe zwischen dem Herrn und seiner Tochter Margareta sagt Christus zu ihr: »Ich habe dich zu einer Flamme für die Kalten gemacht.« Eine verspaßte Welt ist eine kalte Welt, denn der Spaß negiert das, was zu jedem Leben dazugehört: Das Leiden. Die Freude dagegen ist Freude genau deswegen, weil sie in sich das Leiden aufgenommen hat. Der sich Freuende freut sich nicht, weil er jenseits des Schmerzes ist, sondern weil er tief weiß, daß die Freude nur dann leuchtend und also echt ist, wenn er dem Schmerz und dem Leiden nicht ausweicht, sondern die Gnade erbittet, noch im Leiden lächeln zu können, weil er stets der Geliebte ist.

Margareta, dies ist bekannt, war eine große Weinende, ebenso wie der hl. Franziskus, ihr Ordensvater, vor lauter Weinen entzündete Augen hatte. Aber auch dies ist bekannt: Margareta, »die häufig weinte, konnte sich jetzt (nämlich nach dem Feuer der Wandlung) unmöglich des Lachens enthalten«. Und Franziskus ist immerhin derjenige, der den Bruder Tod besungen hat, was man kann, wenn man in der Freude ist.

Und auch dies vermag man durch die Heilige von Cortona neu zu lernen: Wer zur Freude will, braucht die heilige Beichte. Nachdem sie selbst durchgehalten hat auf ihrem Weg der Entäußerung und mehr und mehr sich wandeln läßt zum Widerschein der Liebe und des Erbarmens ihres Freundes Christus, nach dessen Empfang in der hl. Kommunion sie bisweilen wie leblos in Entrückung fällt, ist es nur eine Frage der Zeit, bis dieses innere Leuchten sich seinen Weg bahnt in das Außen hinein. Immer mehr Menschen kommen zu Margareta und suchen bei ihr Trost, Wegweisung und Hilfe. Der Herr hatte zu ihr gesagt: »Ich habe dich zu einem Spiegel für die Sünder gemacht. An dir werden die Verstocktesten erkennen, wie gern ich gegen sie barmherzig bin, um sie zu retten. Du bist eine Leiter für die Sünder.« Und die Sünder kommen zu ihr, um endlich den Ausweg aus ihren Sünden aufgezeigt zu bekommen, war doch sie selbst das leuchtende Beispiel der Sündenvergebung, an dem abzulesen war, wie der Herr ein Leben der Sünde in ein Leben der flammenden Gnade zu wandeln vermocht hatte.

Und Margareta empfängt die Sünder, redet ihnen ins Gewissen, gibt ihnen aus ihrer mystischen Weisheit heraus Weisungen für deren Leben und schickt sie zu guter Letzt zu den Franziskanern, bei denen sie nach Jahren der Buße als Tertiarin aufgenommen worden war, zur heiligen Beichte. Als einmal einer der Beichtväter, Bruder Giunta mit Namen, ausgerechnet ihr eigener Beichtvater und späterer Biograph, sich über den enormen Zulauf an Pönitenten beschwert und dabei sich mit den Worten beklagt, »er könne nicht so viele Ställe an einem Tage reinigen«, wird ihm durch den Mund Margaretas die Zurechtweisung Christi zuteil: »Sage ihm, daß er, wenn er Beichte hört, nicht Ställe reinigt, sondern mir in den Seelen der Beichtenden eine Wohnung bereitet.«

Das Schweigen

Die letzten Jahre Margaretas verschwinden im Schweigen. Nachdem sie lange Jahre sich hingegeben hat im Dienst an den Nächsten, zieht sie sich in eine kleine Zelle auf einem Berg zurück, wo sie die kommenden neun Jahre als Einsiedlerin, versunken in das alleinige Gespräch mit Gott, kämpfend bis zuletzt, ihr Leben der Buße beendet. Auf dem Boden der Zelle liegend, getreue Schülerin des Ordensvaters Franziskus, erwartet sie hier den himmlischen Bräutigam. Es ist der 22. Februar 1297, als der Tag der großen Begegnung kommt, und sie geht, wie geschrieben wurde, »mit Jubel« in die Ewigkeit ein. Mit Jubel.

Ihr Leichnam ist unverwest.

Wer mehr wissen will

Mauriac, François, Die heilige Margarete von Cortona, Leipzig 1984.

Nigg, Walter, Ich habe dich zur Flamme gemacht: Margareta von Cortona, in: Das Buch der Büßer, Olten 1970, 81–103.

* 23. Jänner 1585   † 30. Jänner 1645

»Wen soll ich senden?«, so fragt der Herr zu Beginn des alttestamentlichen Buches Jesaja. »Wer wird für uns gehen?« Und daraufhin antwortet der zukünftige Prophet: »Hier bin ich, sende mich!« Mehr als zweitausend Jahre später läßt sich ein anderer Mensch senden auf Wege, die unbekannt und nur dem Herrn erforschlich sind. Ein Mensch, der dem Herrn das unwiderrufliche Jawort schenkt, wird zur Pilgerin, die mit ihrem geliebten Meister das Los des Fremdseins und Ausgestoßenseins teilt. Eine kleine, schwache Frau namens Mary Ward. Aber was sagt dies schon: Eine kleine, schwache Frau? »Wer glaubt, kann alles«, so ein Herrenwort aus dem Neuen Testament. Und diese kleine Frau hat einen großen, sehr großen Glauben.

III. Mary Ward

Finsternis wie Licht

ALS MARY WARD IN EINER alteingesessenen Adelsfamilie 1585 im Norden Englands geboren wird, sind im Inselreich brutale Christenverfolgungen an der Tagesordnung. Die anglikanische Staatskirche geht rigoros gegen Katholiken vor. Das Denunziantentum blüht. Wer heimlich eine heilige Messe hört oder die Sakramente empfängt oder auch bloß einen Rosenkranz bei sich trägt, ist seines Lebens nicht mehr sicher. Priester enden am Galgen, rechtsgläubige Familien werden drakonisch bestraft, ihr Vermögen wird beschlagnahmt. Ein Zeitgenosse schreibt damals von der »Jagd auf Katholiken.«

Und dennoch: In dieser bedrängten Zeit bleibt mehr als ein Drittel der Bevölkerung unverbrüchlich dem katholischen Glaubensbekenntnis treu. Man ist stolz darauf, einen Priester im Haus zu verstecken und heimlich, hinter verriegelten Türen, das heilige Meßopfer zu feiern. Das Geschlecht der Wards ist von dieser Gesinnungsart. Eine Großmutter Marys, bei der sie als Kleinkind fünf Jahre wohnt, hat vierzehn Jahre im Gefängnis verbracht; auch andere Verwandte erleiden die Kerkerhaft. Drei Priester aus der Verwandtschaft werden, weil sie Priester sind, hingerichtet. Mary ist zehn Jahre alt, als das Vaterhaus in Flammen aufgeht. Sie wird später sagen: *»Meine Eltern (...) litten viel für die katholische Sache.«*

London

Mit fünfzehn Jahren steht ihr Entschluß fest, dem inneren Ruf zum Ordensleben Folge zu leisten. Das klösterliche Leben gilt ihr als ein *»Heiligtum, wo alle heilig sein mußten und konnten«,* und da sie aufs Ganze gehen will, ist sie *»fest entschlossen, den strengsten und abgeschlossensten (Orden) zu wählen.«* Allseits rät man ihr ab. Der Vater versucht, das, was er für Launen seiner Tochter hält, ihr auszureden. Er hat für Mary Heiratspläne. Sie ist eine schöne, sehr schöne junge Frau, ein Klosterleben hält er für ausgeschlossen. Daher reist er mit seiner Tochter nach London, um dort, zusammen mit Marys Beichtvater, den Ehevertrag unter Dach und Fach zu bringen.

Der Beichtvater seinerseits ist überzeugt, daß diese Ehe Gottes Wille ist. Der zukünftige Ehemann, Graf und vorzüglicher Katholik, gilt als ausgezeichnete Partie. Im Falle einer Nichtheirat würde, so der Seelenführer, die Grafschaft in protestantische Hände übergehen, der katholischen Sache damit immenser Schaden zugefügt. Was tun?

»Herrgott, nun mußt du für mich eintreten!« Das Gebet Marys wird erhört. Eine Stunde später ist der Beichtvater plötzlich anderen Sinnes. Unter Tränen erklärt er Mary, daß er sich geirrt habe und den wahren Willen Gottes nun erkannt habe. Es gelingt ihm auch, Marys Vater umzustimmen. Der Weg ist damit frei. Unter falschem Namen besteigt Mary das Schiff, welches sie zum europäischen Festland bringt, denn in England gibt es keine Klöster mehr.

St. Omer

Die nächste Station ist St. Omer in Flandern, heute Nordfrankreich. Empfehlungsschreiben weisen sie zum englischen Kolleg der dort stationierten Jesuiten. Ein Pater gibt ihr den Rat, als nichtklausurierte Laienschwester ins strenge Klarissenkloster der Stadt einzutreten. Da Mary dies als der Willen Gottes dargestellt wird, nimmt sie an. Gleichwohl entspricht das Leben, das sie damit beginnt, überhaupt nicht dem, was sie erhofft und ersehnt hat. Statt Gebet, Betrachtung, Stille erlebt sie zerstreuende, erschöpfende Gänge in die Stadt, um für ihre Mitschwestern in der Klausur den täglichen Unterhalt zu erbetteln.

Ein Jahr lang fristet sie dieses elende Dasein. Dann wird ihr von der Oberin plötzlich geraten, Chorschwester zu werden. Die Widersprüche, die sich auftun, werden zum Licht: *»Bei meinem Eintritt sagte mir die Oberin, die im inneren und äußeren Kloster befolgte Regel sei eine und dieselbe, und jetzt setzte sie mir auseinander, welch ein großer Unterschied zwischen beiden bestehe. Ferner: Wenn ein Engel vom Himmel käme und mir sagte, ich sei nicht zum Stande einer auswärtigen Laienschwester berufen, sollte ich ihm nicht glauben. Jetzt aber, dies sei keineswegs mein Beruf, ich sollte um Aufnahme im klausurierten Kloster nachsuchen. Das alles kam mir (…) zu menschlich vor und wollte sich (…) gar nicht reimen.«* Sie zieht die Konsequenz und verläßt, in Absprache mit der Novizenmeisterin, das Kloster.

Aber wie soll es weitergehen? In einem fremden Land? Ohne Beistand?

Die nächsten Monate verfolgt sie unbeirrt den Plan, ein Klarissenkloster für Engländerinnen zu gründen, mit einer englischen Äbtissin und einem englischen Beichtvater. Und tatsächlich glückt ihr dieses Vorhaben. Sie selbst, die Gründerin dieses Klosters, tritt als Novizin ein und kann endlich nach der strengsten Regel der heiligen Klara das Leben führen, das sie sich erwünscht hat. Aber eines Tages überfällt sie die Gewißheit, daß sie auch diesen Platz zu verlassen hat. Sie tritt schließlich aus dem Kloster aus und geht wieder auf Wanderschaft – mißverstanden, beargwöhnt, als Wankelmütige und Ausgesprungene geschmäht.

London

Mit Zustimmung ihres Beichtvaters kehrt sie nach London zurück, wo sie in der Welt des Hofes und der Salons das mondäne Leben in vollen Zügen zu genießen scheint. Sie wohnt im vornehmsten Viertel, nimmt an Bällen und Theateraufführungen teil, ist Gast von Musikveranstaltungen und rauschenden Festen. Sie ist ob ihrer Anmut und Schönheit bewundert und begehrt. Aber wer weiß schon, daß sie unter dem Ballkleid ein härenes Bußhemd trägt und daß sie dieses gesellschaftliche Spiel nur deswegen mitspielt, um desto besser ihr Apostolat auszuüben: Seelen zu retten um jeden Preis.

Aus der einst schüchternen jungen Frau ist eine leidenschaftliche Kämpferin für den unverfälschten katholischen Glauben geworden. Sie ist gleichsam überall und nirgends. Heute noch auf einer adligen Gesellschaft, ist sie anderntags bereits in einem trostlosen Gefängnis, um inhaftierte Glaubensbrüder zu stärken. In einer Hafenspelunke taucht sie als Magd verkleidet auf, in den Baracken der Armen spendet sie Hilfe und Trost, um wenig später wieder auf einer festlichen Soirée heimlich Priesteradressen weiterzugeben oder Katechismusunterricht zu erteilen.

Eine Handvoll junger Frauen aus bestem Hause schließt sich ihr an. 1609 verlassen diese fünf Fräulein zusammen mit Mary ihr Vaterland, um gemeinsam den radikalen Weg der Nachfolge Jesu zu gehen.

St. Omer

Wieder ist St. Omer vorläufige nächste Station. Zwei Jahre später gehören bereits ein halbes Hundert zu den *Englischen Fräulein.* Sie unterhalten ein Internat für Töchter aus den ältesten Häusern Englands und eine Tagesschule für einheimische Mädchen aus dem Volke, denen sie kostenlos Lesen, Schreiben und Nähen beibringen. Sie selbst leben asketisch wie Nonnen der strengsten Observanz.

Doch trotz des Segens, der von den Schwestern allseits ausgeht, kommen sie ins Gerede. Zu neu ist das, was sie praktizieren. Das Kirchenrecht will Ordensschwestern hinter Klostermauern. Hier aber wirken Schwestern mitten in der Welt, bislang ohne Regel. Man will sie nötigen, einer überlieferten Ordensregel zu folgen, aber Mary lehnt ab: »*Die Weigerung, sie anzunehmen, bereitete uns viele Verfolgungen, zumal ich alles ausschlug, ohne sagen zu können, was ich denn eigentlich wünschte und wozu ich mich berufen fühlte.*«

Die Erleuchtung über den weiteren Weg der Gemeinschaft stellt sich nach einer schweren Erkrankung ein, die Mary an den Rand des Todes bringt. Auf dem Krankenbett wird ihr qualvolles Suchen nach dem Willen Gottes beendet, sie weiß plötzlich, daß ihre Gemeinschaft nach der Regel der Jesuiten leben soll. Was Ignatius für die männliche Gesellschaft Jesu durchgesetzt hat, das sollen die *Englischen Fräulein* als erster weiblicher Orden ins Werk setzen: Volle Verfügbarkeit bei gleichzeitiger strengster Disziplin; Apostel sein in einer Zeit, die neue, nie gekannte Herausforderungen stellt; Nonnen sein mitten in der Welt. Sie selbst, so Mary später, habe nie an das tätige Leben gedacht, *»bis Gott, wie ich vertraue, mich dazu in einer Weise berief, die gegen meinen Willen ging.«*

Ihre grundlegende Intuition ist in den darauffolgenden Jahren und Jahrzehnten steter Stein des Anstoßes. Es gilt in weiten Kreisen als Skandal, was die *Englischen Fräulein* vorleben. Klausurfreiheit, verbunden mit Apostolat und weiblicher Selbstregierung, ist unerhört. Die diesbezüglichen Auseinandersetzungen sind ohne Zahl. Und auch das Vorurteil, welches Frauen für ungeeignet erklärt, apostolische Dienste zu übernehmen, die eigentlich dem Manne reserviert seien, ist nicht auszurotten: »Das alles ist schön und gut«, heißt es gönnerhaft-besserwisserisch, »solange der erste Eifer dauert. Aber der Eifer verpufft, und schließlich sind sie doch nur Weiber.« Aber Mary weiß ihre Frau zu stehen und kontert: derjenige, der solche Vorurteile befördert, *»mag eine Leuchte aller Gelehrsamkeit sein; vielleicht besitzt er jede andere Kenntnis und ich nur diese eine, ja nur Licht für diese eine Wahrheit. Doch von ihr hängt vielleicht meine Seligkeit ab. Darum muß ich und werde ich für diese Wahrheit einstehen, solange mir Gott das Leben schenkt: daß Frauen vollkommen werden können, und daß unser Eifer nicht erkalten muß, weil wir – nur Weiber sind.«*

Rom

Um dem Widerstand gegen das neue Institut den Wind aus den Segeln zu nehmen, macht sich Mary mit einigen Gefährtinnen schließlich 1621 in mühsamer Fußreise auf den Weg nach Rom, wo sie am Weihnachtsabend eintrifft. Andere Niederlassungen sind mittlerweile gegründet worden – 1621 ein Haus in London, weitere in Lüttich, Köln und Trier – und auch hier sind die Auseinandersetzungen die altbekannten. In Rom, unmittelbar beim Stellvertreter Christi, will Mary ihre Sache vorbringen und verteidigen. Diplomatische Winkelzüge sind dabei nicht ihre Mittel. Sie geht gerade vor, offen, ohne jede Krämerhaltung. Und sie erhält vom Papst die Erlaubnis, eine Mädchenschule in Rom zu errichten, der später weitere Häuser in Neapel und Perugia folgen. Gleichzeitig werden ihre Aktivitäten jedoch strengstens von kurialen Behörden überwacht, ein Chronist schreibt, daß ein Beamter der Inquisitionsbehörde »25 Spione über sie aufgestellt (hatte), so daß weder in noch außer dem Hause etwas geschehen konnte, von dem er nicht Kenntnis erhalten hätte.«

Es gibt aber immer wieder auch dies: Kirchliche wie weltliche Würdenträger, die ohne jeden Vorbehalt sich für Marys Werk einsetzen und sie zu protegieren versuchen. Mary selbst reagiert auf die Verleumdungen, die sie und ihre Mitschwestern etwa als »apostolische Mannweiber«, als »Halbnonnen«, als »Rennmädel« und »diese Jesuitinnen« denunzieren, gelassen und verzeiht den Anklägern.

Unterwegs

»Nur wenn ihr euch auf den Weg macht, findet ihr euren Weg.«
In den kommenden langen Jahren steht Mary für den
Ernst dieses Wortes ein und setzt unermüdlich das Be-
gonnene fort. In München darf sie noch ein Haus gründen, ferner eine Niederlassung in Wien. Aber die Bestätigung des Instituts wird nicht gegeben. Der Papst
zeigt seine hohe Wertschätzung für Mary Ward, überläßt aber ihre Anliegen einem kurialen Sekretär, der
als der einflußreichste Gegner des Institutes gilt. Das
Scheitern nimmt so seinen Lauf. Die Häuser in Italien
werden geschlossen, ein Dekret zur Unterdrückung der
»Jesuitinnen« wird erlassen, erneutes Vorsprechen Marys
in Rom bleibt umsonst. 1631 hebt eine päpstliche Bul-
le das Institut auf. Den Zusammenbruch ihres Werkes
nimmt sie klaglos hin, sie erhält lediglich die Erlaubnis
zum gemeinschaftlichen Leben mit ihren Gefährtinnen.
Ihre Sorge, so sie, sei zwar endlos, aber sie lebe bis über
die Ohren im Vertrauen.

O. A. M. D. G.

Sie hatte gekämpft und gekämpft und wieder gekämpft.
Ihr Weg war auf weitesten Wegstrecken ein umschatte-
ter. War es nicht kennzeichnend, daß da, als sie zum erstenmal alles hinter sich zurückließ, an jenem denkwürdigen Tag, als sie zum erstenmal ihrem englischen Vaterland den Rücken kehrte, die Finsternis sie einholte, so
daß sie im nachhinein schrieb: *»Ich war noch nicht ganz außer Landes, da umdüsterte eine starke Finsternis meinen Geist,
und Zweifel stiegen in meinem Inneren auf, wo und in welchem*

Orden ich bleiben sollte. Mit dieser Finsternis und inneren Un-ruhe fuhr ich über die See.«

Und diese Finsternis begleitete sie, zu Wasser wie zu Lande. Aber die Finsternis, dies mag sie in harten Prüfungen erlernt haben, war nur die Innenseite des Lichtes, die Nähe Dessen, *um Den herum Wolken und Dunkel sind* (Ps 97,2). Und noch die größte Finsternis, gesendet zu sein und als Gesendete zunehmend mehr und mehr zu scheitern, ließ sie nicht verzweifeln, sondern vielmehr im Vertrauen wachsen, denn der Herr umschloß sie ja von allen Seiten, was also konnte ihr schaden, da *auch die Nacht leuchten würde wie der Tag und die Finsternis wäre wie Licht* (Ps 139,12).

Sie hatte Widerstände, Anklagen, Verleumdungen von Weltleuten wie von Klerikern erfahren. Man hatte sie und die Ihren beschimpft, verhöhnt, verurteilt. Aber Mary Ward wußte es besser. Ihr Auftrag bestand, einleuchtend, unwiderruflich, und dieser Auftrag war Wahrheit. In verwüstender Zeit hatte sie, deren tiefstes Verlangen war, zu tun, *»was Gott gefällt«*, Antwort zu geben und dies mit ganzem Herzen. *»Fürchte nur eins: zu viel Furcht zu haben!«*, hatte sie einer Mitschwester geschrieben, und weiter: *»Sei nicht zaghaft, wenn es um die Ehre Gottes geht!«*

So ging sie unerschrocken ihren Weg. OMNIA AD MAIOREM DEI GLORIAM – Alles zur größeren Ehre Gottes, wie es bei den Jesuiten heißt. Sie hatte stets gerne gesungen, singend, unter Schmerzen, starb die Sechzigjährige am 30. Jänner 1645. Der Name Jesu war ihr letztes Wort.

Als die Inquisitionsbehörde sie einst in München unter dem Verdacht der Häresie arretiert hatte und sie, um

Aufsehen zu vermeiden, des Nachts in ihre Haftzelle überführen wollte, hatte sie gesagt: *»Um keinen Preis! Je mehr darum wissen, desto besser! Ich habe stets das Licht geliebt und nie anders als beim Lichte alle meine Handlungen verrichtet.«*

Erst 1877, nach langwieriger Entwicklung, erlangte das *Institutum Beatæ Mariæ Virginis* die päpstliche Bestätigung, und erst 1909 erklärte Papst Pius X., es stünde nichts mehr im Wege, Mary Ward als Stifterin des Ordens anzuerkennen. 2009 wurde ihr von Benedikt XVI. der Ehrentitel *Ehrwürdigen Dienerin Gottes* zuerkannt. Wird man sie einmal als Heilige zur Ehre der Altäre erheben, sie, deren Wunsch es war, die »gehorsame Tochter der heiligen Kirche« zu sein?

Auf einem frühen Portrait der kleinen Frau sieht man eine hochgeschlossene, mächtig ins Bild ragende schwarze Robe, und aus dem dunklen, hohen Gewand ragt leuchtend das wache, nüchterne Antlitz der geprüften Frau. Ihre Augen schauen nicht uns an, sondern gleichsam den Lauf der Welt. Es sind Augen, die viel gesehen haben: Das Licht und viele Finsternisse. Es sind Augen, die hell und unbestechlich sind. Augen, die mehr sehen.

Kard. Joseph Ratzinger, Aus der Predigt anläßlich der 400-Jahr-Feier der Geburt Mary Wards. Rom, am 23.1.1985:
»Um Jesus zu sehen, mußten die Jünger *gehen. Schnell, geht und sagt* waren die ersten Worte des Engels an die Frauen nach der Auferstehung Jesu. Diesem Gehen wird sofort eine neue Botschaft gleichen Sinnes hinzugefügt: *Seht, er geht euch voraus* (Mt 28,7). Der Herr geht uns immer voraus

(…) Das große, gefüllte Leben Maria Wards, ihre fortwährenden Reisen, auf denen sie in einem Jahrhundert der Kriege und tiefer Leiden den Kontinent durchquerte – all das ist eine Antwort auf den Auftrag der Auferstehung: *Geht – er geht euch voraus.*«

Wer mehr wissen will

Kranz, Gisbert, Mary Ward, in: Politische Heilige und katholische Reformatoren. Erste Folge Fünfzehn Lebensbilder, Augsburg ²1964, 294–319.

Nigg, Walter, Mary Ward. Eine Frau gibt nicht auf, München 1983.

Peters, Henriette, Maria Ward, in: Große Frauen des Glaubens, hg. v. Paul Imhof, Würzburg 1985, 143–154.

Ratzinger, Joseph Kardinal, Maria Ward, in: Heiligenpredigten, hg. v. Stephan Otto Horn unter Mitarbeit v. Gabriele Besold, München 1997, 136–144.

Wetter, M. Immolata, Du findest den Weg. Maria Ward, in: Damit unser Leben gelingt, hg. v. Georg Popp, Regensburg 1993, 67–77.

* 12. Jänner 1871   † 26. September 1899

Sein Leben: Früh vollendet, unscheinbar, alltäglich, ausstrahlend. Folgt man den Spuren Kaspar Stanggassingers, so erfährt man im besten Sinne Zeitgeschichte – ein einfacher, zielstrebiger Mensch geht durch die Wirren der Zeitläufe hindurch seinen Berufungsweg. Und weil die Zeit stets Wirren bereithält, damals wie heute, zeigt sich an Stanggassingers Leben auch dies: Daß der Einzelne zur Geschichte gehört, aber gleichwohl in den Widerfahrnissen der großen Geschichte getragen ist von der Ecclesia, die – auch dann, wenn sie verfolgt wird, was gemäß einem Herrenwort die Regel ist (vgl. Mt 10,17 ff et parr.) – nicht untergeht.

IV. Kaspar Stanggassinger

Strahlende Leuchte

KASPAR STANGGASSINGER WIRD AM 12. Jänner 1871 in Unterkälberstein bei Berchtesgaden geboren. Er ist das zweite von 16 Kindern, drei seiner Geschwister sterben noch zu seinen Lebzeiten, darunter zwei Schwestern, denen er sich sehr verbunden fühlt. Sein Vater, begüterter Bauer und Fuhrunternehmer, ist zugleich in der Lokalpolitik tätig. Seiner Mutter, einer frommen Frau, stellt der Sohn späterhin das Zeugnis aus: »Von Kindheit an hat sie mich zu Gott geführt.«

1877 besucht Stanggassinger die Volksschule. Er ist fleißig, strebsam, energisch. Die Schwierigkeiten beim Lernen versucht er wettzumachen durch gesteigerte Hartnäckigkeit. Offensichtlich ist sein Wunsch, Priester zu werden, frühzeitig präsent. Zu seinen Kinderspielen gehört das Priester-Spielen und das Predigen vor den Geschwistern. Auch entsprechende Frömmigkeitsübungen kommen früh zum Vorschein, etwa wenn er mit seinen Geschwistern den Rosenkranz betet oder zur persönlichen Andacht sich in eine nahegelegene Kapelle begibt.

Stanggassinger selbst notiert zu einer Zeit, als er bereits Priester ist, die wichtigsten Tage seines Lebens. Darunter firmiert auch der 21. November 1880, an welchem

Datum (Kaspar ist gerade mal neun Jahre alt) er aufzeichnet: »Berufung zum Priestertum.«

Nach erfolgreichem Abschluß der Grundschule besucht er das Gymnasium in Freising, zunächst als Externer. Die Jahre sind nicht einfach, denn die schulischen Leistungen müssen zum Teil mühsam erarbeitet werden. Der Vater gibt ihm unmißverständlich zu verstehen, daß er ein Versagen im Gymnasium nicht tolerieren werde: »Der kostet uns zu viel! Wenn er kein Talent hat, soll er das Studieren bleiben lassen! Die Mistgabel soll er wieder in die Hand nehmen!«

1884, als Dreizehnjähriger, wechselt er als Interner zum Erzbischöflichen Knabenseminar in Freising. Hier fühlt er sich wohl. Die schulischen Leistungen stabilisieren sich, sein zäher Fleiß bringt Früchte. Aber auch sein geistliches, inneres Leben wächst. Da er seit 1887 ein geistliches Tagebuch schreibt, ist sein religiöser Werdegang in etwa nachzuvollziehen. Er geht, auch in den Ferien, täglich zur heiligen Messe, seine Gottverbundenheit wird intensiver, unüblich zur damaligen Zeit geht er alle Sonntage zur heiligen Kommunion. Zugleich tritt er während dieser Jahre der Marianischen Kongregation sowie dem Dritten Orden des heiligen Franziskus bei.

Falsch wäre es jedoch, aus dieser frühen geistlichen Ernsthaftigkeit auf ein verklemmtes, altkluges, frömmelndes Spießertum zu schließen. Im Gegenteil. Posieren, auch unter dem Anschein des Pietätvollen, ist nicht Stanggassingers Sache. Etliche Zeugenaussagen belegen seinen geradlinigen, einfachen, erfrischend unaufdringlichen Charakter. Weiß, einer seiner Biographen, berichtet: »So besaß er eine Anzahl Medaillen, die er um den Hals trug. Am Abend, als es im Schlafsaal still war, hörte man sie bei einer Bewegung klirren. ›Die Glockenkuh geht ins Bett!‹ kicherten seine Mitschüler. Für Kaspar mag dies eine Lehre gewesen sein. Sein ganzes Leben blieb er ein entschiedener Gegner jeder Zurschaustellung von Frömmigkeit. Seine Mitschüler bemerkten bald, daß bei ihm mehr dahinter steckte. Zwar nannten sie ihn den ›Pfarrer‹, den ›Klerikalen‹, doch dies wurde nicht als ein Spitzname, sondern als ein Ehrenname empfunden.«

Ein Ereignis im Leben des Achtzehnjährigen markiert einen bedeutsamen Einschnitt. Im Februar 1889, mit 18 Jahren, erkrankt er schwer: Typhus? Hirnhautentzündung? Nervenfieber? Die Diagnose ist nicht eindeutig zu stellen. Man befürchtet das Schlimmste, der Patient ist mehrere Tage lang nicht ansprechbar, schließlich empfängt er die Sterbesakramente. Erst daraufhin bessert sich sein Zustand, so daß Stanggassinger die nächsten Tage und Wochen wieder zu Kräften kommt. Er hat für diese Genesung sehr gedankt. Die ganze Tragweite des Geschehens für seinen inneren Werdegang kann man zum Teil nur erahnen, bedenkenswert bleibt der Hinweis des Biographen, daß »etwa seit dieser Zeit (...) sich in seinen Aufzeichnungen das Wort ›Bekehrung‹ (findet).«

Nach der Matura, 1890, tritt der Neunzehnjährige am 22. Oktober desselben Jahres in das Klerikalseminar zu Freising ein. Er blüht sichtlich auf. Das Studium macht ihm Freude. Konsequent arbeitet er an sich selbst, um in seinem Glaubensleben zu wachsen. Dabei ist sein Weg weiterhin von stiller Unauffälligkeit geprägt. Er glänzt nicht durch spektakuläre Auftritte, sondern durch seine alltägliche, freundliche und zuvorkommende Art. Auch hier: Jeder frömmelnden Anbiederung oder gar prätentiösen Zurschaustellung ist er abgeneigt. Ein Beispiel sagt mehr als viele Worte: Als zu Beginn seiner Seminaristenzeit seine geliebte Schwester Zensi stirbt, verfaßt er die Grabinschrift. Freilich ohne den damals üblichen Zusatz »tugendsame Jungfrau«. Den Angehörigen, die sich an der ungebührlichen Auslassung stoßen, erwidert der junge Seminarist: »Wer sie kannte, braucht nicht erst auf der Grabinschrift zu lesen, daß sie eine ›tugendsame Jungfrau‹ war. Man ist so viel, wie man vor Gott ist.«

1892 empfängt er die Niederen Weihen. Die Sommerferien verbringt er wie jedes Jahr zuhause in Berchtesgaden. Vor Semesterbeginn besucht er – ein vertrauter Brauch – die Gnadenkapelle in Altötting. Hier, vor dem Gnadenbild der Muttergottes betend, glaubt er in seinem Inneren eindeutig die Stimme zu vernehmen: »Geh nach Gars zu den Redemptoristen!« Er folgt dieser Eingebung noch am selben Tag, um im Redemptoristenkloster zu Gars am Inn Patres aufzusuchen, die er von früheren Aufenthalten in Dürrnberg, nahe Hallein im Salzburger Land, kennt.

Die Entscheidung

Im Besuchszimmer des Klosters, allein, während die Patres bei der Abendbetrachtung sind, fällt die Entscheidung: In einer Art innerer Erleuchtung, ohne jegliche Manipulation von außen, weiß er, daß sein Platz bei den Redemptoristen ist. Noch am selben Tag bittet er den zuständigen Provinzial um Aufnahme in den Orden. Die nächsten Schritte folgen Schlag auf Schlag. Der Münchner Erzbischof gibt nach drei Tagen Bedenkzeit sein *placet* zur Entlassung Stanggassingers aus dem Diözesanklerus. Der Redemptoristenprovinzial erteilt seine Zustimmung. Stanggassinger selbst kehrt zum Wintersemester nicht nach Freising zurück, sondern begibt sich schon im Oktober 1892, gegen den Widerstand des Vaters, zum Noviziat nach Gars am Inn, wo er den darauffolgenden Monat, am 20. November, das Ordenskleid empfängt.

Seine Maxime heißt: »Ich kann, ich will, ich muß heilig werden«, er ist sich aber gleichzeitig bewußt, daß sein intensives Streben abhängig von der Gnade ist, und aus diesem Bewußtsein resultiert seine bei aller Entschiedenheit unverkrampfte Frömmigkeit, die nichts von rigider Verbissenheit kennt. 1893 legt er in Dürrnberg die Ordensgelübde ab, am 16. Juni 1895 wird er in Regensburg als Redemptorist zum Priester geweiht.

Die folgenden vier Jahre verbringt er nahezu ausschließlich als Lehrer und Erzieher im Knabenseminar der Redemptoristen zu Dürrnberg. Sein Wunsch, als Seelsorger und Volksmissionar zu wirken, geht nicht in Erfüllung. Der Orden braucht ihn in der Jugendausbildung. Als Gymnasiallehrer und Präfekt soll er im ordenseigenen Internat die künftigen Missionare heranbilden. Dieser Aufgabe widmet sich Stanggassinger mit vollem Einsatz. Er ist der unermüdliche Lehrer, Ansprechpartner, Freund und Priester der ihm anvertrauten Buben. Unter der zunehmenden Arbeitsbelastung erschöpfen sich früh seine Kräfte. Als der Orden eine Schule samt Internat in Gars errichtet, wird er mit 28 Jahren dorthin als Direktor bestellt. Aber er vermag diese Stelle nicht mehr anzutreten. Denn kurz nach der Übersiedlung im September 1899 und den anschließenden Jahresexerzitien für die Seminaristen, die er selbst hält, erkrankt er. In den voraufgegangenen Wochen hatte er öfters vom Tod gesprochen. Noch in den Exerzitien hatte er gesagt: »Das weiß ich sicher, auch in diesem Hause wird einer von uns sterben. Ob es einer von Ihnen ist, ob ich es bin ..., das kann ich nicht sagen, das weiß der liebe Gott.«

Eine Blinddarmentzündung mit Perforation und flankierender Bauchfellentzündung verläuft rasch tödlich. Am Abend des 25. September empfängt er die Sterbesakramente und verabschiedet sich von zweien seiner Schüler. Am Morgen des 26. September 1899, eine Viertelstunde vor vier Uhr, stirbt P. Kaspar Stanggassinger.

Der Kulturkampf

Die Lebensskizze von Stanggassinger lesend, könnte man meinen, es sei ein alles in allem doch geruhsames, betuliches Leben gewesen in einer betulichen, stillen Spätbiedermeierzeit. Aber weit gefehlt. Die Zeit, in der der Selige lebt, ist geprägt von den Wirren und Auswüchsen des Kulturkampfes im Deutschen Reich.

Das Kapitel deutscher Geschichte, das unter dem Stichwort *Kulturkampf* bekannt ist, wird gemeinhin nahezu ausschließlich mit dem Namen *Bismarck* assoziiert. Tatsächlich sind die Zusammenhänge differenzierter, denn der bayerische Justizminister und nachmalige Kultusminister von Lutz ist derjenige, der den deutschen Kulturkampf eröffnet, indem er die regionalen bayrischen Auseinandersetzungen in das Reich hineinträgt. Voraufgegangen ist 1871 die Gründung des Deutschen

Reiches und der Eintritt Bayerns in das Reich und damit
der Verlust seiner Souveränität.

Nahezu zeitgleich, nämlich 1870, hatte in Rom das I.
Vatikanische Konzil getagt und den Jurisdiktionsprimat
sowie die Unfehlbarkeit des Papstes feierlich verkündet,
nachdem sechs Jahre zuvor, 1864, Papst Pius IX. bereits
ein Verzeichnis moderner theologischer Lehren und An-
schauungen veröffentlicht hatte (*Syllabus*), in dem 80 solcher Lehren als Zeitirrtümer verurteilt worden waren. Li-
berale Kreise, die spätestens seit 1848 das, was sie für den
römischen Despotismus halten, entschieden bekämpfen,
sehen nun im neuen Dogma den krönenden restaurati-
ven Abschluß der ultramontanen papistischen Strömun-
gen und gehen auf Gegenkurs. Man wähnt die staatliche Freiheit bedroht durch unzulässige Übergriffe kirchlicher Macht. 1871 eskalieren die Fronten.

Die Haltung Bismarcks ist dabei ein weiteres auslösen-
des Moment, da dieser in der soeben gegründeten katholischen Zentrumspartei ein willfähriges Instrument
in den Händen kurialer Taktik erblickt und befürchtet,
bald nicht mehr Herr im eigenen Hause zu sein. Es ist
der alte Kampf zwischen Kirche und Staat um größeren
Einfluß. Während die Liberalen von kirchlicher Bevor-
mundung sprechen, regt sich der Widerstand der katholischen Kirche gegen die antikirchlichen Maßnahmen des
Ministers von Lutz.

Die seit langem schwelende Auseinandersetzung geht
endlich in einen vehementen, offenen Kampf über. Zahl-
reiche Gesetze, in den folgenden Jahren reichsweit von
Bismarck erlassen, versuchen, die Kirche aus dem öffent-
lichen Leben abzudrängen. Die Schulaufsicht, bisher
im kirchlichen Zuständigkeitsbereich, wird vom Staat

übernommen. Die *Zivilstandsgesetzgebung* dekretiert, daß allein die Zivilehe nunmehr staatlich rechtsgültig sei. Geistliche ebenso wie Theologiestudenten haben sich anläßlich einer Anstellung einem sogenannten Kulturexamen zu unterziehen, das ihre *political correctness* erweisen soll. Priesterseminare in Preußen werden geschlossen, Bischöfe entfernt, mehr als 1000 Pfarreien sind unbesetzt. Das *Sperr- und Brotkorbgesetz* von 1875 stellt schließlich sämtliche staatlichen finanziellen Leistungen ein, im Falle, daß Geistliche die erlassenen Gesetze nicht befolgen.

Drei Jahre zuvor hat das *Jesuitengesetz* (Verbot von Niederlassungen des Jesuitenordens im Deutschen Kaiserreich) schärfstens in die Ordenspolitik eingegriffen und damit auch den Redemptoristenorden in Mitleidenschaft gezogen. Denn deren Niederlassungen müssen nach jahrelangem Tauziehen aufgelöst werden, die bisher ausgeübte Seelsorgetätigkeit wird per Erlaß unterbunden, allein die von Redemptoristen in Altötting betreute Wallfahrt darf noch einige Monate fortbestehen. Die Maßnahmen sind drakonisch. Schon das Zusammenwohnen zweier Ordensmitglieder wird, da verdächtigt als konspirative Tätigkeit, unter Strafe gestellt, der Aufenthalt an den bisherigen Niederlassungen ist verboten, die Patres müssen 1873 Bayern verlassen.

Die Verbannung wird 22 Jahre andauern. In den Wirren der Übersiedlung und des taktischen Überlebens geht die bayerische Redemptoristenprovinz beinahe unter. Erst in den achtziger Jahren, als die Provinzleitung beginnt, verbannte Patres in größeren Niederlassungen in Österreich nahe der bayerischen Landesgrenze zu vereinen, gelingt eine allmähliche Restrukturierung.

Wertvolle Hilfe leistet dabei der damalige Fürst-Erzbischof von Salzburg, der Benediktinerpater Franz Albert Eder (1876–1890), der den Redemptoristen eine Bleibe in Dürrnberg anbietet und diesbezüglich sogar beim Kaiser Franz Joseph vorstellig wird. Hier, vis-à-vis von Hallein, ziehen im Oktober 1884 zehn Patres und vier Laienbrüder ein. Und hier, neun Jahre später, legt Kaspar Stanggassinger seine Ordensprofeß ab.

Seine Entscheidung, in den Redemptoristenorden einzutreten, gewinnt, wenn man die politische Konstellation seiner Zeit betrachtet, eine zusätzliche Dimension. Es ist das Ja zu einem Orden, der offiziell noch immer in der Verbannung ist und dessen Reputation aufgrund der politischen Propaganda und Verfolgungsmaßnahmen ins Abseits geraten ist. 1892, im Jahr seines Eintritts in Gars, sind zwar die einstigen Kulturkampfgesetze zum Teil rückgängig gemacht, aber *Kanzelparagraph* (eine Vorschrift, welche den Geistlichen, unter Androhung von Freiheitsstrafe, politische Stellungnahmen in ihrer Amtsausübung untersagt) und Jesuitengesetz sind weiterhin in Kraft. Die bayerische Regierung duldet zwar seit 1890 die Redemptoristen stillschweigend im Lande, die staatliche, vom Bundesrat beschlossene Aufhebung der Ausweisungsmaßnahmen ergeht jedoch erst 1894 – und zwar nach einem Auf und Ab an Befürwortungen, Verweigerungen, Stellungnahmen, Eingaben, Bittgesuchen, Interventionen usw. –, wobei zu ergänzen ist, daß lediglich Bayern den Rechtsentscheid zügig umsetzt, während die übrigen deutschen Länder bis 1918 warten, um den Redemptoristen allmählich wieder die Tore zu öffnen.

Das unauffällige Leben des Redemptoristen Kaspar Stanggassingers vollzieht sich in einem politischen Umfeld, welches, gelinde gesagt, in etlichen Belangen Ordensleuten wenig Sympathien entgegenbringt. Anders allerdings das gläubige Volk. Dort sind die geistlichen Bemühungen der Patres anerkannt, die Patres selbst hochgeschätzt. Und Kaspar Stanggassinger ist ein Mann dieses Volkes. Denn das Volk, wenn es seinen Glauben praktiziert, wenn es den Rosenkranz betet und den Meßbesuch pflegt, ist nicht die tumbe Masse, die politisch als Stimmvieh mißbrauchbar ist, sondern das Herz, das in seinem katholischen Herzschlag eine Nation beseelt. Und die Heiligen, so auch der selige Kaspar, sind Blüten dieses gläubigen Volks, das selbst in seiner vordergründigen Unscheinbarkeit und Kleinheit die Zeit prägt.

Die Geschwister

Kaspar Stanggasinger und Thérèse von Lisieux – sie sind Zeitgenossen im wahren Wortsinn. Thérèse wird 1873 geboren und stirbt 1897 im Alter von 24 Jahren. Kaspars Lebensdaten reichen von 1871 bis 1899. Im Bild gesprochen, ließe sich sagen, daß die Heilige von Lisieux gleichsam die große Schwester ist, die in kristallklarer Form das Modell liefert, das seitdem unter dem Begriff des *Kleinen Weges* in die Geschichte der Hagiographie eingegangen ist, und daß der selige Kaspar Stanggassinger eine der vielen Ausprägungen der großen Gußform darstellt. Thérèse ist die universale Kirchenlehrerin (seit 1997), Kaspar der Selige der Ortskirche, aber da es unter den himmlischen Geschwistern keine Konkurrenz gibt, ist dieses Verhältnis eines der Verwandtschaft, nicht der

Abgrenzung. Die Parallelen sind verblüffend und oft bis in die Wortwahl hinein übereinstimmend.

Beide erfahren früh ihre Berufung, beide sterben früh. Ihr geistlicher Weg ist zunehmend der Weg in die größere Einfachheit, die sich auch darin ausdrückt, daß das Äußere mehr und mehr abzufallen beginnt: »Hier brauchst du kein Buch mehr außer der Heiligen Schrift und dem Brevier«, heißt es bei Stanggassinger. Bei Thérèse lautet es: »(…) später ließen mich alle Bücher in der Dürre (…) Das *Evangelium* aber vor allem andern gibt mir das Nötige für das innere Gebet, in ihm finde ich alles, was meine arme kleine Seele braucht.«

Der kleine Weg, gleichsam zum Synonym der theresianischen Spiritualität geworden, derart, daß die Heilige von Lisieux weltweit als *die kleine Thérèse* verehrt wird, wird von beiden in unauffälliger Radikalität vorgelebt. Mystisches, Ekstasen, Visionen o. ä. als Erweis oder gar Beweis besonderer göttlicher Bevorzugung wird von beiden kategorisch zurückgewiesen: »Gott bewahre mich vor Offenbarungen (…) Gott bewahre mich vor der Sünde und vor der Mystik«, notiert Stanggassinger in sein geistliches Tagebuch und verwirft entschieden die Ansicht derer, die da meinen, zur Heiligkeit gehöre es, »wundertätig zu sein oder außerordentliche Dinge, wie Entzückungen, haben zu müssen«. Stattdessen lautet seine Lebensregel: »Man muß nur den heiligsten Willen Gottes tun müssen«. Ebenso unmißverständlich bringt Thérèse, als man sie auf ihrem Sterbebett mit frommen Bildern zu trösten versucht, dieses Thema zur Sprache: »Alle diese Bilder nützen mir nicht, ich kann mich nur von der Wahrheit nähren. Deshalb habe ich auch nie nach Visionen verlangt.«

Es verwundert nicht, daß nach dem Tode Stanggassingers Mitbrüder über vorzeitige Kanonisierungsversuche des Verstorbenen ratlos reagieren: Was hat denn der Verstorbene Großartiges getan? Der zuständige Provinzial, der an Stanggassingers Grab die Leichenrede halten soll, gesteht verlegen ein, daß er nicht weiß, was er über den Verstorbenen sagen soll. Ähnlich bei Thérèse. Zur Zeit der Agonie der heiligen Karmelitin hört die Sterbenskranke, wie eine ihrer Mitschwestern einer anderen konsterniert gesteht, Schwester Thérèse habe doch eigentlich nichts weiter getan, als in den Karmel einzutreten und dann zu sterben, und weiter: »Was wird unsere Mutter Priorin in ihrem Totenbrief schreiben können?«

Tatsächlich ist eben das der kleine Weg. Derjenige, der ihn geht, glänzt nicht, fällt nicht auf, hat nichts Grandioses vorzuweisen. Er ist, wie es später ein anderer moderner kleiner Heiliger – wir meinen Charles de Foucauld – vorleben wird, verschwindend klein. Manche, die das entsprechende geistliche Sensorium haben, erkennen die kleinen Heiligen bereits zu ihren Lebzeiten, andere gehen an ihnen vorbei wie an tausend anderen Mitmenschen auch. Aber man täusche sich nicht. Dieses alltägliche, durch und durch gewöhnlich gelebte Leben ist, wenn es in tatsächlicher Treue zum Herrn gelebt wird, nicht das billige Mittelmaß, sondern die Höchstanforderung, der tägliche Kampf. Nicht umsonst ist Scupolis *Der geistliche Kampf* das Buch, welches Stanggassinger immer wieder als Vademecum zur Hand nimmt und studiert. Thérèse findet das einfache Bild für diesen gewöhnlichen Kampf: es geht darum, noch eine zu Boden gefallene Stecknadel mit Liebe aufzuheben. Damit ist das zentrale Stichwort des kleinen Weges benannt: die

Liebe. Die Heilige aus Lisieux faßt ihr Apostolat in dem kühnen Satz zusammen: »MEINE BERUFUNG IST DIE LIEBE! (…) im Herzen der Kirche, meiner Mutter, werde ich die *Liebe* sein …« In Stanggassingers Worten lautet dies: »Ich will Liebe sein, oder ich will nicht sein.«

Diese Maximen sind allerdings keine leeren, frommen Wünsche, sondern durch das Leben abgedeckte Quintessenz. Die Jugendlichen, die P. Stanggassinger betreut, merken, daß derjenige, der vor ihnen steht, ihnen nichts vormacht und daß sein Ernst die Konsequenz seiner Zuneigung ist. Die Novizinnen, die Thérèse betreut, erkennen ihrerseits, daß – bei aller Strenge ihrer Lehrerin – vor ihnen ein Mensch steht, der durch und durch echt ist. Und weil beide, Thérèse wie Kaspar, das Niedrige und Unscheinbare erwählen, geben sie ihren Zeitgenossen ein um so beeindruckenderes Beispiel. Denn diese werden im Blick auf sie plötzlich gewahr, daß die Heiligkeit kein Spezialweg für exaltierte Sonderlinge darstellt, sondern eine Forderung ist, die einem jeden gilt.

Der Kanonisationsprozeß

»Im Jänner 1934«, so ein früher Biograph des Seligen, »tagten die Obern der süddeutschen Redemptoristenprovinz in Gars. P. Stefan Untergehrer warf mitten in die Verhandlungen die Frage hinein: ›Könnten wir nicht den Seligsprechungsprozeß des P. Stanggassinger betreiben?‹ Er war dazu durch P. Josef Anton, den Vizepostulator des Seligsprechungsprozesses des Bruders Konrad von Parzham, veranlaßt worden. Der sagte ihm bei der Seligsprechungsfeier Bruder Konrads in Altötting: ›Ihr habt doch auch einen solchen in der Gruft von Gars.‹ ›Ja, wen denn?‹ ›Den Pater Stanggassinger! Fangt doch an, den bringt ihr in Rom ganz sicher durch!‹ Dies Wort zündete.«

Am 9. Jänner 1935 und also 35 Jahre nach dem Tod des frommen Paters werden die Gebeine des Verstorbenen aus der Klostergruft in die Herz-Jesu-Seitenkapelle der Garser Kirche überführt. Der anwesende Bischof der Erzdiözese München und Freising, Kardinal Michael von Faulhaber, hält zum Festanlaß die Predigt, in der er einleitend feststellt: »Alle, die ihn kannten, sagen: Das war ein Heiliger, und darum will das Volk an seinem Grabe beten«, und in der er Stanggassinger als »ignis effulgens, eine strahlende Leuchte« für die Erzdiözese München, für den Redemptoristenorden, für die studierende Jugend und für das gläubige Volk darstellt.

Der offizielle bischöfliche Informativprozeß beginnt am 8. April 1935. Das Merkwürdige: Ausgerechnet am Tag der Eröffnung des Prozesses wird eine seit Jahrzehnten unheilbare Ordensschwester plötzlich geheilt. In der Lebensbeschreibung Staggassingers wird in humorvoller Weise über dieses Wunder, das 1987 von der römischen Ärzte-Konsulta anerkannt wird und damit das obligate Wunder im Seligsprechungsprozeß manifestiert, berichtet: »Als unheilbar und hoffnungslos siech wurde die Schwester ins Mutterhaus geschickt, wo der Hausarzt das gleiche Urteil über sie fällte. Zur selben Zeit kam ich ins Mutterhaus, um Exerzitien zu geben. Ich arbeitete am Leben des Dieners Gottes, als abends die Oberschwester der Krankenabteilung mein Zimmer betrat. Ich begrüßte sie mit den Worten: ›Schwester, ich brauche ein Wunder!‹ ›Was brauchen Sie? Ein Wunder.‹ Da lachte sie herzlich. ›Wozu brauchen Sie ein Wunder?‹ ›Zur Seligsprechung des Pater Stanggassinger.

Rom spricht keinen selig, der nicht Wunder gewirkt hat. Sie haben auf Ihrer Abteilung sicher Leutchen, an denen ein Wunder geschehen könnte.‹ ›Genug, besonders eine. Wenn die gesund wird, ist es ein Bombenwunder.‹ ›Bitte, Schwester Gerontia, bringen Sie der Kranken dies Bildchen und diese Reliquie des Pater Stanggassinger und ermuntern Sie dieselbe zu einem großen Vertrauen. Sie möge sofort eine Novene zu ihm beginnen.‹« Und die Heilung geschieht. Die betroffene Schwester ist von da an gesund.

Freilich dauert es noch Jahrzehnte, bis endlich die Erhebung zur Ehre der Altäre geschieht. Im marianischen Jahr 1988 ist es soweit: Am 24. April wird Pater Kaspar Stanggassinger in Rom seliggesprochen.

Die Wahrheit

»Die Heiligen haben Offenbarungen«, so ist es in einer Notiz von Pater Stanggassinger zu lesen. »Wichtig für mich, der ich kein Heiliger bin, sind die einfachen ewigen Wahrheiten: Die Menschwerdung, die Erlösung, die heilige Eucharistie, der Heilige Geist«.

Wer mehr wissen will

Heinzmann, Josef, C. Ss. R., Suchen was droben ist, Freiburg 1988.

Schuster, Joseph, C. Ss. R., Eine strahlende Leuchte. Der Diener Gottes P. Kaspar Stanggassinger, München 1937 (2. Aufl. überarbeitet von P. Karl Wildenauer, Gars 1960).

Therese von Lisieux, Selbstbiographische Schriften, Einsiedeln [10]1984.

dies., Ich gehe ins Leben ein. Letzte Gespräche der Heiligen von Lisieux, Leutesdorf [4]1996.

Weiß, Otto, Die Redemptoristen in Bayern (1790–1909). Ein Beitrag zur Geschichte des Ultramontanismus, 2 Bde., München 1977.

ders., Tun, was der Tag verlangt. Das Leben von Pater Kaspar Stanggassinger, Freiburg [2]1989.

ders., Der selige Kaspar Stanggassinger (1871–1899). In Selbstzeugnissen und im Urteil seiner Zeitgenossen (Bibliotheca Historica Congregationis Ssmi Redemptoris Vol. XVI), Romæ 1995.

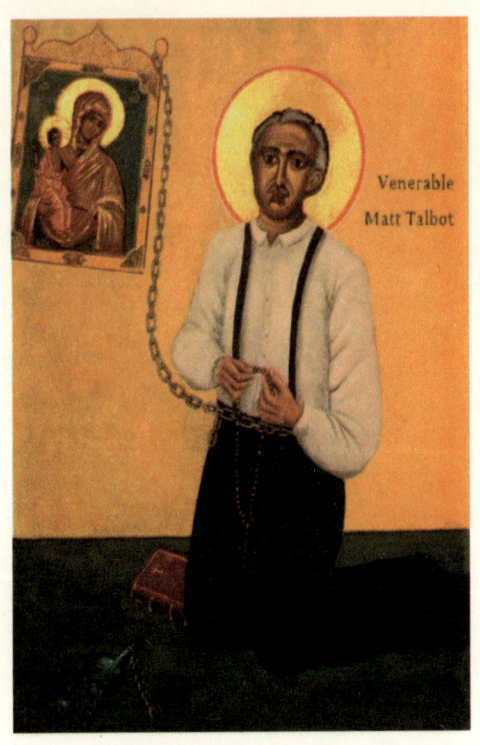

Venerable
Matt Talbot

* 2. Mai 1856 † 7. Juni 1925

Wer die Auferstehung für ein frommes Märchen hält, der soll-
te die Geschichte von Matt, dem ehemaligen Trinker, lesen. Er
selbst sagte diesbezüglich: »Sei nie zu hart einem Mann gegen-
über, der das Trinken nicht aufgeben kann. Das Trinken auf-
zugeben ist ebenso hart, wie den Toten wieder zum Leben zu
erwecken. Aber beides ist möglich und sogar leicht für unseren
Herrn. Wir brauchen nur abhängig zu sein von Ihm.« Matts
Geschichte: Die Geschichte einer Auferstehung.

V. Matt Talbot

Der Sklave

Das Dublin, in dem Mathew Talbot am 2. Mai 1856 geboren wird, ist nicht die glitzernde Weltstadt des 3. Jahrtausends. Nicht einmal zehn Jahre vor Matts Geburt wird Irland von einer schrecklichen Hungersnot heimgesucht, der etwa eine Million Menschen zum Opfer fallen. Dublin, die spätere Hauptstadt der grünen Insel, beherbergt in seinen Fabriken und in seinen Docks am Hafen eine Vielzahl von Arbeitern, die mühsam ihr Leben fristen. In großen, eintönigen Mietskasernen in den Vorstädten leben oft vielköpfige Arbeiterfamilien auf engstem Raum beisammen; so auch die Familie Talbot.

Zwölf Kinder sind sie, neun Söhne und drei Töchter. Matt ist der Zweitälteste. Zwei Brüder sterben noch im Kindesalter. Vier weitere Brüder sterben als junge Männer, offensichtlich vom Alkohol verbraucht. Charles, der Vater, ist gleichfalls Trinker, wie überhaupt die Trinksucht unter den Arbeitern das grassierende Übel ist. Elizabeth Talbot, Charles Frau, versucht ihr Bestes, um den alltäglichen Belastungen und dem drohenden Ruin gegenzusteuern. Elfmal muß die Familie übersiedeln. Die Trunksucht droht die Familie zu zerstören. Doch Elizabeth bleibt der stille Halt in der Familie, die unermüdlich

Betende, die sich am Rosenkranz festhält und die Hoffnung nicht aufgibt. Ihrem Gebet und ihren Bitten ist es zu verdanken, daß schließlich der Vater mit der Wirtshausgeherei aufhört und seinen Lohn nicht länger vertrinkt.

Der Trinker

Mathew, kurz Matt genannt, absolviert, für arme Arbeitersöhne durchaus nicht unüblich, nur zwei Jahre Schule und tritt sodann mit erst zwölf Jahren ins Arbeitsleben ein – er wird Laufbursche in einer Weinhandlung. Das Arbeitsleben sagt ihm zu, zumal er kein Freund von langem Schulbanksitzen ist. Aber in der neuen Umgebung lernt er bald das, was ihn die nächsten Jahre verheert. Ebenso wie eine Vielzahl seiner Arbeitskollegen nimmt er seinen an den Wochenenden ausgezahlten kärglichen Lohn, um ihn abends mit anderen Zechkumpanen in einer Kneipe zu vertrinken. Man kann ihm nicht nachsagen, er sei das Muttersöhnchen oder gar der Grünschnabel, der noch der Milch bedarf. Matt, obgleich erst zwölf, dreizehn, vierzehn Jahre alt, hält mit den Großen mit, und wenn er abends nach Hause kommt, legt er sich nieder, um seinen Rausch auszuschlafen.

Matts Vater, inzwischen trocken, sieht das Verhängnis und versucht, sei es durch Worte, sei es durch gelegentliche Prügel, den Sohn zu ändern. Aber keine Maßnahme fruchtet. Matt spürt zwar bisweilen die Scham des Säufers angesichts des Elends, welches er anrichtet, aber dies ändert nicht sein Verhalten. Die Sucht ist bereits dermaßen stark, daß Matt zum Gewohnheitstrinker geworden ist, der vom Trinken, trotz mancher gutgemeinter Vorsätze, nicht mehr lassen kann.

Der Vater, der im Hafen arbeitet, beschafft seinem Sohn dort eine neue Stelle, in der Hoffnung, daß dieser Arbeitswechsel und die Nähe des Vaters Matt zur Raison bringen. Aber auch diese Maßnahme erweist sich als vergeblich. Der Whisky ist fortan Matts bevorzugtes Getränk. Das Groteske dabei: Etliches, was an Whiskyflaschen durch die Hände der Zechbrüder geht, stammt aus den Lagerräumen, über die Matts Vater die Aufsicht führt. Diese empörende Entdeckung geht an Matt nicht spurlos vorüber. Zwar ist er bereits zu sehr dem Alkohol verfallen, um mit dem Trinken zu brechen, gleichwohl nagen die bedrückenden Zustände derart an ihm, daß er schließlich nach zwei Jahren die Arbeit kündigt. Bevor er eine neue Stelle ausfindig gemacht hat, vermittelt ihn sein Vater als Hilfsmaurer in eine neue Firma.

Matt ist jetzt achtzehn Jahre alt. Das Elend seiner Trinksucht wird noch weitere zehn Jahre andauern. Jahre, in denen er zugleich erlebt, wie, bis auf den ältesten Bruder John, alle anderen seiner Brüder unter dem Einfluß des Alkohols zusehends verfallen.

Die Wochentagslöhne verschwinden in den Kneipen. Zuhause gibt Matt seiner Mutter bisweilen einen minimalen Beitrag als Kostgeld, während Elizabeth weiterhin betet, verzeiht, ermahnt, hofft. Und ist die Scham, die trotz aller Verdunkelung in Matts Leben schwach glimmt, nicht auch Frucht der mütterlichen Tränen und Gebete?

Eines Sonnabends, an dem Matt wie gewohnt in der Stammkneipe sitzt und mit den Zechkumpanen eine Sauftour abhält, kommt ein Fremder ins Gasthaus, der eine Geige unter dem Arm trägt. Der Unbekannte wird

zum Mittrinken eingeladen. Der Whisky fließt reich-
lich. Als man merkt, daß die Rechnung heute höher
ausfallen wird, entwendet Matt zusammen mit einem
Kumpel klammheimlich das Instrument des Fremden
und versetzt es gegen Bares in einem benachbarten Lokal. Darauf geht es zurück in die Stammkneipe. Als man
spätnachts aufbricht, bemerkt der Fremde, daß seine Geige verschwunden ist. Er versteht die Welt nicht mehr, er
versteht nicht, was man ihm angetan hat. An seine Kla-
ge, die unbeantwortet bleibt, wird sich Matt in seinem
späteren Leben immer wieder erinnern. Und er wird
in Wirtshäusern und Armenunterkünften nach diesem
Fremden suchen, um wiedergutzumachen, was er dem
Geigenspieler angetan hat. Und da er ihn nicht findet,
wird er das Geld, das er damals für die versetzte Geige
einstrich, in den Opferstock einer Kirche einzahlen, um
heilige Messen für den Fremden lesen zu lassen und so
seine Schuld zu begleichen.

Der Beter

Nach unzähligen durchzechten Sonnabenden ist es ein
Sonnabend – der Tag, der im liturgischen Leben der katholischen Kirche seit je als Tag der Muttergottes begangen wird –, an dem die Wende in Matts Leben eintritt.
Die voraufgegangene Woche ist er, wiewohl er ansonsten ein zuverlässiger Arbeiter ist, bei seiner Arbeitsstelle
nicht angetreten. Er trinkt und trinkt. Der Tiefpunkt ist
erreicht. Am Sonnabend stellt er sich, zusammen mit seinem Bruder Philipp, an einer Straßenecke auf, wo auf jeden Fall seine Arbeitskollegen mit dem soeben ausgezahlten Lohn vorbeikommen müssen. Matt, der kein Knau-
ser ist und dessen Großzügigkeit man kennt, hofft, daß

die Kollegen heute ihn und den Bruder zum Stammtisch einladen werden, da sie beide zurzeit mittellos sind. Aber es kommt anders. Ganz anders.

Die Kollegen grüßen zwar kurz, gehen aber dann an Matt und seinem Bruder vorbei, ohne ein Wort der Einladung auszusprechen. Das trifft. Als er sich schließlich abwendet und nach Hause geht, ist er nicht mehr derselbe. Am selben Sonnabend, wenige Stunden später, sagt er seiner Mutter, die sich wundert, daß ihr Sohn heute früher als sonst nachhause gekommen und zudem nüchtern ist: »Ich mache das Versprechen.«

Elizabeth weiß sogleich, was damit gemeint ist. Denn *das Versprechen* ist ein Begriff, den man in Dublin kennt. Begründet durch den Kapuzinerpater Father Matthew, ist das Versprechen ein Nüchternheitsgelübde und meint die Tatsache, daß ein Alkoholkranker vor Gott verspricht, zukünftig sich des Alkohols zu enthalten. Eben dazu ist Matt nun bereit. Er macht sich auf den Weg zum Erzbischöflichen Priesterseminar, legt dort bei einem Priester die Beichte ab und gibt das Versprechen der Enthaltsamkeit für zunächst drei Monate. Am nächsten Tag, dem Sonntag, empfängt er nach einer furchtbaren Nacht zum erstenmal wieder nach langer Zeit den Leib des Herrn.

Die nächsten Wochen, Monate und wahrscheinlich auch Jahre sind Zeiten des Kampfes, der Versuchungen, der Entzugserscheinungen. Wenn die Versuchung ihn zu überwältigen droht, sagt er sich, daß er ja nach drei Monaten wieder zu trinken beginnen könne. Tatsächlich aber legt er nach Ablauf der ersten drei Monate neuerlich das Versprechen ab und zwar wiederum für drei

Monate; nach dieser Frist erneuert er das Versprechen bis zum Ende des Jahres und schließlich auf immer.

Einmal hält er es nicht mehr aus und geht in ein Gasthaus. Er will wieder trinken. Aber merkwürdigerweise kommt in dem geschäftigen Betrieb niemand zu ihm, um seine Bestellung aufzunehmen, so daß er schließlich aufsteht und das Lokal verläßt. Aufgrund der überwundenen Versuchung faßt er den Entschluß, fortan kein Geld mehr in der Tasche mitzunehmen.

Ungezählte andere Male hält er sich bis spätnachts in den Kirchen Dublins auf, um dort, im schützenden Raum des Heiligen, vor jeder Anfechtung beschützt zu sein. Und Gott kämpft für Matt. So an dem Tag, als der Dämon ihn schrecklich quält. Er will zur heiligen Kommunion gehen, aber eine unbezwingbare Macht hält ihn an den Boden gefesselt, so daß er wie gelähmt ist, während ihm die verführerische Stimme einflüstert, er werde mit dem Trinken nie aufhören, es sei umsonst. In der zweiten Kirche, die er aufsucht, wiederholt sich diese schreckliche Trostlosigkeit. Und ebenso in der dritten Kirche. Auf den Stufen der Dubliner Pro-Kathedrale fällt er schließlich auf die Knie und betet mit ausgebreiteten Armen: *Jesus, hab' Erbarmen, Maria, hilf, Jesus, hab' Erbarmen, Maria, hilf.* Und es wird ihm geholfen.

Denn Matt hört nicht auf zu beten. Er weiß aus Erfahrung, daß er die Kraft zum Durchhalten nur im Gebet findet. Aus Matt wird in den nächsten Jahren und Jahrzehnten der große, sehr große Beter und Büßer. Der Bußpsalm *Miserere* gehört zu seinen bevorzugten Gebeten. Täglich betet er den Rosenkranz, seine Liebe zur Muttergottes ist kindlich-überschwänglich. Die verlorenen Jahre der Sucht und des Eigennutzes bereut er und

wandelt sie gleichsam zu Gold in dem neuen Leben as-
ketischer Einfachheit und Strenge.

Die Mutter, die er nach dem Tode des Vaters zu sich
in sein bescheidenes Zimmer nimmt, sieht, in der Nacht
aufwachend, wie ihr Sohn aufrecht kniend im Gebet versunken ist. Matt selbst ist alles Zurschaustellen zuwider.
Er ist der Arbeiter, der seiner Arbeit nachgeht und im
Stillen unauffällig weiterbetet, auch, wenn möglich, in
den Pausen während der Arbeit, wo er sich bescheiden
in einem unbemerkten Winkel zurückzieht.

Drei Stunden Schlaf genügen ihm. Um fünf Uhr früh
geht er zur heiligen Messe. Danach nimmt er ein karges
Frühstück zu sich und geht zur Baustelle, wo er um sechs
Uhr mit der Arbeit beginnt. Als die Frühmesse eines Tages auf ein Viertel nach sechs Uhr verlegt wird, kündigt
Matt seine Stelle und tritt in einen Holzhandel ein, da
ihm nur durch diesen Arbeitswechsel gewährleistet ist,
weiterhin vor Arbeitsbeginn am heiligen Meßopfer teil-
zunehmen. Denn das Zentrum seines Lebens ist die
heilige Messe und der Empfang der heiligen Kommunion. An Sonntagen besucht er gleich mehrere heilige
Messen. Zeugen, die ihn bei der heiligen Feier wahrgenommen haben, sprechen von seiner wunderbaren
Andacht und dem ehrfürchtigen Hingerissensein in das
Geheimnis. Man sieht ihn stets kniend, aufrecht, ohne
sich abzustützen. Er setzt sich nie in der heiligen Messe.
Wenn das Kirchentor noch geschlossen ist, kann es sein,
daß der Mesner, wenn er das Tor aufsperrt, Matt bereits
betend auf den Kirchenstufen antrifft. Andere sehen ihn
vor dem Beginn der heiligen Messe immer wieder betend vor der Statue Unserer Lieben Frau am Marienaltar
oder sie sehen ihn versunken vor dem Kreuz.

Zum Gebet kommt das Fasten und kommt das Almosengeben. Er ißt wenig. Seine Bedürfnisse schränkt er auf das Lebensnotwenige ein. Zwei Anzüge genügen ihm, einer zum Arbeiten und der andere zum Gang in die Kirche, denn wenn man den Herrn besucht, zieht man sich festlich an. Sein Bettpolster ist ein Holzbrett. Von dem schwerverdienten Lohn, den er verdient, gibt er das, was ihm übrigbleibt, weg – für arme Familien, für die Priesterausbildung, für die Mission. In dem einzig erhaltenen Brief von seiner Hand, beigelegt einer Spende und verfaßt am 31. Dezember 1924, einem halben Jahr vor seinem Tod, stehen die rührenden Zeilen: »Matt Talbot hat die letzten 18 Monate nicht gearbeitet. Ich war krank, und der Priester und der Arzt hatten mich schon aufgegeben. Ich denke, ich kann nie wieder arbeiten. Hier haben Sie ein Pfund von mir und zehn Schillinge von meiner Schwester.«

Das ist Matt. Der auferstandene Matt. Zwei Stecknadeln, angebracht in Kreuzesform am Ärmelaufschlag erinnern ihn unauffällig an die Botschaft der Liebe, die ihn trägt und verwandelt und antreibt. Die Kollegen erleben ihn stets freundlich und geradlinig. Sie merken, daß *Barney,* wie sie ihn nennen, ein anderer geworden ist, auch wenn ihnen entgeht, wie tief die Wandlung ist, die Matt ergriffen hat. Matt ist nicht länger der Mann, der seine Abende in Wirtshäusern vergeudet, aber das heißt nicht, daß er auf seine Kollegen herabschaut. Er betet auch für sie und hilft, wo er zu helfen vermag. Und er ist Mitglied der Gewerkschaft, weil ihm das bedrückende Los der Arbeiter zu Herzen geht.

Dublin verläßt Matt nie. Seine Welt ist hier, sein Wirkungskreis ist hier: verborgen, unaufdringlich, in treuer, alltäglicher Beharrlichkeit. Er bleibt unverheiratet, wiewohl es die Aussicht auf eine Heirat gibt. Doch nachdem er eine Novene gebetet hat, weiß er, daß der Herr von ihm will, unverheiratet zu bleiben. Stattdessen ist er Mitglied frommer Gemeinschaften und Mitglied des Dritten Ordens der Franziskaner. Am 4. Mai 1890 unterschreibt er seine Mitgliedschaft im Herz-Jesu-Bund, wo er die lebenslange Abstinenz verspricht sowie die Sühne für die Sünden der vergangenen Sucht.

Und die Heiligen werden seine Freunde. Die frühen irischen Mönche in ihrer Entschiedenheit, ihrer Unbedingtheit und ihrem Feuer haben es ihm angetan. Matts Bußpraxis gemahnt an deren Eifer. Aber auch die Heiligen, die in ihrer Jugend gesündigt haben, ziehen ihn an. Er liest die *Bekenntnisse* des heiligen Augustinus und er liest über Margareta von Cortona. Und dann all die anderen heiligen Freunde, die ihm Vertraute werden: Der heilige Ignatius von Loyola, die große Teresa und die kleine Thérèse, die heilige Caterina von Siena, der heilige Franz von Sales, Kardinal Newman und naturgemäß Franziskus, dessen Braut Armut in Matts Herz das offene, willfährige Echo findet. Denn Matt bleibt der arme Matt, er gehört den Kleinen an, die der Herr im Evangelium seligpreist. Doch dieser Kleine, der gerade mal zwei Jahre Schulbildung absolviert hat, ist kein tumber Tor, sondern ein eifriger Leser, der Nahrung findet im geliebten göttlichen Wort der Bibel, welches er tagein tagaus aufnimmt, in den Heiligenviten, in den Schriften der geistlichen Lehrmeister und in den Lehren der Kirche. Und wenn Matt auf Stellen trifft, die er nicht auf Anhieb versteht, dann bittet er seine Priesterfreunde, die ihm bereitwillig weiterhelfen auf seinem Weg der Heilig-keit, um Aufklärung.

Denn auch dies zeigt Matts Leben: Wer die Kirche liebt, der wird von der Kirche herrlich geführt. Wunder-bare Priester stellt die Vorsehung an Matts Seite. Nach-dem ihn jahrelang der Dominikanerpriester Father Ja-mes Walsh geistlich begleitet und in die Reichtümer der spirituellen Überlieferung eingeführt hat, findet er nach dessen Tod 1915 in dem fünfzehn Jahre jüngeren Mon-signore Michael Hickey, einem heiligmäßigen Priester und Beichtvater, den neuen geistlichen Seelenfreund, der ihn unterstützt, führt und oftmals in seinem beschei-denen Zimmer besucht, wenn nötig auch, um seinen Schützling um dessen fürsprechendes Gebet zu bitten.

Matt, der robuste, zuverlässige Arbeiter, der die letz-ten Jahrzehnte eigentlich nie ernsthaft krank gewesen ist, ist bereits in seinen Sechzigern, als er in einem Dubliner Spital stationär aufgenommen werden muß. Er ist herz-leidend. Die Arbeit am Holzplatz fällt ihm zusehends schwerer. Aber er liebt seine Arbeit, und die vier Wo-chen im Spital, fern von seiner geliebten Beschäftigung, müssen ihm wie eine Art Zeitverschwendung vorgekom-men sein. Wenn es irgend geht, ist er in der Kapelle des Spitals und kniet vor dem Tabernakel. Als er schließlich entlassen wird, freut er sich darauf, bald wieder arbeiten gehen zu können. Tatsächlich aber ist die Zeit, die ihm noch verbleibt, eine Frist, die gekennzeichnet ist durch Abbau der Kräfte, Krankheit, Spitalsaufenthalte und Vor-bereitung auf den Tod.

Dabei bleibt Matt der anpruchslose Patient, der nichts begehrt, nichts fordert. Als man ihn eines Tages auf sei-nem Zimmer vermißt und überall nach ihm sucht, findet ihn die zuständige Schwester schließlich dort, wo Matts Zuhause ist: In der Kapelle, beim Herrn. Und als sie ihm leise Vorhaltungen macht, entgegnet Matt mit seinem üblichen ruhigen Lächeln: »Ich habe den Schwestern und den Doktoren gedankt, und ich dachte, es ist nur richtig, dem Großen Heiler Dank zu sagen.«

Der Große Heiler kommt zu Matt am 7. Juni 1925. Es ist der Dreifaltigkeitssonntag. In der Frühe hat Matt die heilige Messe in der *St. Franz Xaver Kirche* besucht. Danach geht er wie gewohnt nach Hause zu seinem spärlichen Frühstück. Da er sich schwach fühlt, ruht er ein wenig aus, um sodann aufzubrechen und – wie an sovielen Sonntagen in den letzten Jahren und Jahrzehnten – eine zweite Sonntagsmesse zu besuchen. Er macht sich auf den Weg zur Zehnuhrmesse in der Erlöserkirche. Es ist ein sommerlicher Tag. Als er auf der Straße zusammenbricht, kommt eine Frau, die den Sturz gesehen hat, mit ihrem Sohn hinüber zu dem auf den Boden Liegenden. Sie tragen ihn über die Straße, wollen ihn ins Haus bringen, legen ihn aber zu guter Letzt nieder. Es ist gegen neun Uhr vierzig. Und vielleicht hört Matt, als er hier, am Boden liegend, schließlich seine Seele dem Schöpfer zurückgibt, noch einmal die Glocken der Erlöserkirche, die sonntäglich zum heiligen Meßopfer läuten.

Der Sklave

Niemand kennt den Toten. Ein herbeigerufener Dominikanerpriester kniet bei dem Toten nieder und betet. Die Ambulanz, die endlich eintrifft, bringt den Toten ins Spital *Mater Misericordiæ* (Mutter der Barmherzigkeit). Die diensthabende Schwester Ignatius bereitet den Verstorbenen für das Begräbnis vor. Wer ist er? Ein armer

Bettler? Einer, der herumzieht? Ein unbekannter armer Schlucker?

Als sie den Toten entkleidet, wird sie der Ketten an Matts Leib gewahr, die er offensichtlich bei früheren Aufenthalten, um im Verborgenen zu bleiben, abgelegt hatte. In den Akten zum Seligsprechungsprozeß steht als Zeugenaussage: »Mitten um seinen Bauch herum gab es zwei Ketten und einen verknoteten Strick. Die eine Kette hielten wir für eine Kette, wie man sie gewöhnlich als Pferdestrang benutzt, die andere war etwas dünner. Beide waren durch einen verknoteten Strick miteinander verflochten, und mittels Schnüren waren Medaillen an der Kette befestigt. Beide waren verrostet und tief in das Fleisch eingegraben. Am linken Arm wurde gleichfalls eine dünne Kette gefunden, die straff oberhalb des Ellbogens gewunden war, und am rechten Arm war oberhalb des Ellbogens eine verknotete Schnur. An seinem linken Bein war unterhalb des Knies rundherum eine Kette mit einer Schnur gewickelt, und am rechten Bein gab es, in der gleichen Position, einen schwer verknoteten Strick. Um seinen Hals gab es einen sehr schweren Rosenkranz; daran waren große und viele religiöse Medaillen angebracht. Einige der Medaillen hatten die Größe einer halben Crown-Münze, andere waren gewöhnliche Medaillen der Sodalitäten.«

Torheit? Ja, Torheit. Die Torheit des Kreuzes. Die Torheit dessen, der sich gebunden und ausgeliefert weiß an die Unbegreiflichkeit Gottes und dies durch die Hände der Muttergottes. Die Torheit dessen, der Sklave der Liebe sein will.

Denn was heißt *Sklave*? Es heißt, daß das eigene Leben nicht mehr einem selbst gehört, sondern einem anderen.

Man selbst ist enteignet, der Andere hat das Verfügungs-
recht auf all das Meine. Doch anders als bei dem traditio-
nellen Begriff von Sklave, der etwa an gewalttätige Ver-
schleppungen von Sklaven des afrikanischen Kontinents
denken läßt, ist der geistliche Sklave ein *freiwilliger* Sklave. Und das ist entscheidend. Man nimmt ihm nicht das
Leben, sondern er gibt es freiwillig hin, aus Liebe, und
darin seinen göttlichen Meister nachahmend.

Der heilige Ludwig Maria Grignion de Montfort
(gestorben 1716) hat die Bedeutung der spirituellen Sklavenschaft neu zum Leben erweckt, dabei den Schwer-
punkt darauf legend, daß die Sklavenschaft *mit Maria*
gelebt wird. Grignions Intuition ist kein Spleen, keine
spirituelle Überzogenheit, sondern fußt geradewegs in
der Heiligen Schrift. Im berühmten Christushymnus
des Philipperbriefes, einem der frühesten christlichen
Bekenntnistexte zum Erlösungsgeschehen, in dem die
Gesinnung Jesu Christi in knappen Schlüsselsätzen zusammengefaßt wird, schreibt der Apostel Paulus: »Seid
untereinander so gesinnt, wie es dem Leben in Christus
Jesus entspricht: Er war Gott gleich, hielt aber nicht daran fest, wie Gott zu sein, sondern er entäußerte sich und
wurde wie ein Sklave und den Menschen gleich« (Phil
2,5 f).

Hier fällt das Wort: *doulos,* Sklave. Unabgeschwächt,
in aller Nacktheit und Deutlichkeit. Und der heilige
Grignion de Montfort nimmt dieses Wort und seinen
Inhalt in eben solchem Ernst an und macht es neu frucht-
bar. In einem seiner Gebete an Christus, die Ewige Weisheit, schreibt er: »Ewige Weisheit ... ich bete dich an ...
in der Ewigkeit im Schoße deines Vaters und zur Zeit
deiner Menschwerdung im Schoß deiner lobwürdigen

Mutter Maria … Ich danke dir dafür, daß du dich selbst verleugnet und die Gestalt eines Sklaven angenommen hast, um mich aus der Sklaverei des Teufels zu befreien. Ich lobe und preise dich, daß du deiner heiligen Mutter Maria in allem untertan sein wolltest, um mich durch sie zu deinem treuen Sklaven zu machen. Aber ich habe das Gelübde und die Versprechen meiner Taufe nicht gehalten …«.

Die von Grignion gewünschte Weihe an die Heiligste Dreifaltigkeit durch die Hände der Muttergottes – kurz *Marienweihe* genannt – ist die Umsetzung dieses Gebetes: Der sich Maria Weihende will endlich sein Taufversprechen leben und durch diesen Akt der Hingabe auf leichte, kurze, vollkommene und sichere Weise der Gesinnung Christi gleichförmig werden, denn wer könnte ihn besser zur Christusförmigkeit erziehen als Maria, die Mutter Jesu, die vom Erlöser selbst gewürdigt worden ist, Gefäß seiner Menschwerdung zu sein?

Die Spiritualitätsgeschichte nach Montfort ist ohne Montfort nicht zu denken. Etliche religiöse Gemeinschaften – von unzähligen Privatgelübden und Privatinitiativen zu schweigen – verdanken ihren mächtigen Entstehungsimpuls der geistgewirkten Eingebung des Heiligen aus Rennes. Die Weihe an die Heiligste Dreifaltigkeit durch die Hände der Muttergottes wird ein Markstein in der Geschichte des geistlichen Lebens zumal im zwanzigsten Jahrhundert. Um nur einige Bewegungen zu nennen, deren Entstehung wie Spiritualität ohne die Marienweihe nicht denkbar wäre: *Legio Mariæ, Madonna House, Foyer de Charité*. Und es ist aus den Erinnerungen des heiligen Papstes Johannes Pauls II. bekannt, wie sehr Grignion die Frömmigkeit und den

Lebensweg des Papstes prägte, bis dahin, daß sein päpstliches Wappen mit dem Leitspruch *Totus tuus* (Ganz der Deine) direktes Kürzel der Marienweihe ist.

Matt seinerseits ist ein leuchtender Zeuge in dieser Überlieferungskette. Vermutlich um das Jahr 1913 liest er Grignions Werk der *Vollkommenen Hingabe an Maria*. Darin empfiehlt der Heilige im Kapitel »Die besonderen Übungen der Ganzhingabe« als ein geistliches Exerzitium unter anderen, welches die Abhängigkeit von der Muttergottes sowie die Nachfolge des Gekreuzigten sichtbar machen soll, das Tragen eiserner Kettchen. Matt, der nicht für halbe Sachen zu haben ist, setzt, mit Zustimmung seines geistlichen Begleiters, diese Praxis in die Tat um, und dies in direkter, leidenschaftlicher Weise, indem er die ursprüngliche Intuition des heiligen Grignion de Montfort ungeschmälert, unmittelbar, ohne jede geschmäcklerische Interpretation oder Verkürzung lebt.

»Warum zögern wir, das Wort *Sklave* zu benutzen? Wir haben nicht gezögert, *Sklaven der Sünde* zu werden«, gibt Catherine de Hueck-Doherty, die Gründerin der geistlichen Gemeinschaft *Madonna House,* einmal zu bedenken. Matt gibt dem Wort seine Dignität zurück, indem er mit den Augen der Immaculata den Sklaven Jesus Christus betrachtet. Und diesem Sklaven, der arm wird unsretwegen, der Seine Herrlichkeit verläßt um unseres Heiles willen, ja dessen ganzes Leben Sklavendienst ist *pro nobis* – diesem Sklaven will Matt ähnlich werden. Und die Ketten um Matts Leib sind sichtbarer Ausdruck seines Lehnsverhältnisses, die ihn täglich gemahnen an das Wesentliche: Daß sein Leben nicht ihm gehört, sondern seinem Herrn, und daß er folglich sein Leben für seinen Herrn hingeben will und für die Mitmenschen, die ihm der Herr anvertraut.

Und damit drücken die Ketten Matts wie selbstverständlich auch dies aus: Matt geht den Weg nicht allein, sondern strikt mit Maria, denn auch der Herr hat den Weg über seine *Magd* Maria genommen (für welchen Titel – *Magd* – im übrigen der griechische Text des Neuen Testaments gleichfalls das Nomen *doule* wählt).

Die moderne Ikone, die das Geheimnis Matts widerzuspiegeln versucht, drückt dieses Wesen der vollkommenen Dienerschaft oder – um mit Grignion zu sprechen – der »esclavage d'amour et de volonté« (Sklavenschaft der Liebe und des Willens) sehr gut aus: Man sieht den ehrwürdigen Diener Gottes Matt kniend, rosenkranzbetend, vor einem Bild der Muttergottes mit Kind. Um den Leib Matts windet sich eine Kette, die ihren Ausgang nimmt am Muttergottesbild. Matt hat sich freiwillig wortwörtlich an Maria und ihren Sohn gebunden. Die Rosenkranzkette in seinen Händen ist die geistliche Schnur, welche die vollkommene Hingabe Matts noch einmal im Zeichen des Gebets versinnbildet. Und genau so, als Angeketteter, der sich ohne jeglichen Vorbehalt restlos in den Dienst der Muttergottes und Jesu Christi stellt, wird Matt der wahrhaft Freie. Denn die zerstörerische Kette, die ihn jahrelang fesselte und niederdrückte, die Kette der Sucht, liegt zerbrochen vor Matts Füßen. Die Alkoholflasche hat keine Gewalt mehr über Matt, dessen Leben nun seinem Meister Jesus gehört.

Und es mag ein Hinweis darauf sein, daß die Haltung der Ganzhingabe, der freiwilligen Abhängigkeit von Maria und ihrem Sohn, durchaus schriftgemäß ist, wenn auf der Ikone neben dem knienden Matt die Heilige Schrift zu sehen ist, quasi als verbriefte autoritative Besiegelung seines geistlichen Weges.

Wie oft und in wievielen heiligen Messen hat der Katholik das Herrenwort gehört: *Getrennt von Mir könnt ihr nichts tun* (Joh 15,5), oder jenes des heiligen Paulus: *Obgleich ich frei von allen bin, habe ich mich für alle zum Sklaven gemacht, um möglichst viele zu gewinnen* (1 Kor 9,19). Hier ist einer, der diese Worte hört und nie mehr vergißt. Der sein Leben jeden Tag mehr umgestalten läßt in das heilige Wort hinein, bis schließlich am Ende seines Lebens die Ketten, die er trägt, mit seinem Fleisch verwachsen sind.

Für Grignion war es selbstverständlich, daß die Marienweihe ein Akt ist, der eine Seele voraussetzt, welcher Gott in besonderer Weise dieses Geheimnis der Weihe anvertrauen will. Darum spricht Grignion diese Seele bevorzugt mit den Worten an: *Âme prédestinée* – Du auserwählte Seele. Es ist die Seele mit dem einfachen, reinen Blick, die bescheidene, demütige Seele. Denn das Wunder der Umgestaltung in Christus, auch dies läßt sich an Matts Leben ablesen, geschieht in gänzlicher Bescheidenheit. Als Matt auf der Straße zusammenbricht, weiß niemand der Herbeieilenden, wer da auf dem Erdboden liegt. Es sagt mehr als tausend Worte, daß erst die Entkleidung, nach Matts Tod, Matts Geheimnis aufstrahlen läßt. Und noch einmal mehr als viele Worte sagt die Tatsache, daß nur ein Foto von Matt auf die Nachwelt gekommen ist, ein Foto zudem, welches zugleich enthüllt und verbirgt. Denn Matt scheut das Spektakuläre. Auch darum ist er der Heilige für uns, die wir heute in der Flut der

Sensationen und Spektakel und Nichtigkeiten unterzugehen drohen. Da ist es gut, Matt in seine stille Kammer zu folgen, ihn niederknien zu sehen und gemeinsam mit ihm ein Armer zu werden.

Papst Paul VI. hat Matt am 3. Oktober 1975 zum *Ehrwürdigen Diener Gottes* ernannt.

Wer mehr wissen will

Costelloe, Morgan, Matt Talbot. Hope for Addicts, Dublin 2005.

Doherty, Eddie, Matt Talbot, Combermere/Canada ³2011 (Madonna House Publications).

Wildenhain, Maria-Viola, Ein Mann aus Dublin, Leipzig 1980.

Homepage der Diözese Dublin zu Matt Talbot: http://www.matttalbot.ie

* *17. August 1887* † *1. April 1922*

*Jeder trägt sie in sich: Urworte, die unauslöschlich sind. Vater
ist ein solches Urwort, König desgleichen. Tragen wir nicht alle
in uns das Bild des idealen Königs, das durch den Klang dieses
Wortes zum Leben erwacht? Keine Skandalgeschichte der Re-
genbogenpresse kann dieses Bild zerstören. Und wir sind glücklich, wenn wir in der Wirklichkeit auf Personen treffen, in denen der Glanz des Urbildes aufleuchtet. Der selige Karl I. aus
dem Hause Österreich starb in der Verbannung 1922. An ihm,
dem letzten Kaiser und König der Habsburger Dynastie, leuchtet das Unvergängliche des wahrhaften Monarchen noch einmal
auf: still, unerschütterlich, herausragend.*

VI. Kaiser Karl I.

Te Deum

DER KNABE WIRD AM 17. August 1887 auf Schloß Persenbeug in Niederösterreich geboren. Es ist eine schwere Geburt. Da man um das Leben der Mutter fürchtet, ergeht an den Schloßkaplan die Anordnung, das Allerheiligste aus der Kapelle zu holen. So kommt es, daß Karl in Gegenwart der heiligen Hostie das Licht der Welt erblickt.

Die Ehe der Eltern ist nicht sehr glücklich. Die Mutter, gekennzeichnet durch eine tiefe Frömmigkeit, ist von eher zurückhaltender, kühler Natur; ihr Mann, Erzherzog Otto, dagegen ein leidenschaftlicher, unsteter Charakter, den es bald nach der Eheschließung wenig zu Hause hält. Über die Erziehung des Knaben ist man gleichwohl einer Meinung. Die Ehegatten kümmern sich darum, daß er die besten Privatlehrer bekommt, ausführlicher Sprachunterricht (englisch, französisch, ungarisch, tschechisch, kroatisch) gehört ebenso zum selbstverständlichen Tagesprogramm wie Reiten, Fechten, Schwimmen oder Rodeln. Die Auffassungsgabe Karls ist gut, er lernt schnell. Seine religiöse Erziehung fällt gleichfalls von Anfang an auf fruchtbaren Boden. »Eine Lüge zu sprechen«, so einer seiner Erzieher, »oder eine lügenhafte Ausrede zu gebrauchen, war ihm ganz fremd.«

Für den täglichen Besuch der heiligen Messe sorgt die Mutter. Die Liebe zur Muttergottes zeigt sich bei dem Knaben früh, darüber hinaus schon in Kindertagen seine Aufmerksamkeit den Bedürftigen und Armen gegenüber. Geschenke verteilt er großzügig an andere weiter, Wäschestücke verschenkt er an Kameraden, die weniger begünstigt sind, Bittsteller versorgt der Knabe mit Gemüse, das er in einem eigens angelegten Gemüsegärtchen zieht. Es ist in dieser Zeit, daß eine stigmatisierte Ursulinenschwester über den achtjährigen Erzherzog die prophetischen Worte äußert: »Ja, man muß viel für ihn beten, denn er wird einmal Kaiser werden, und er wird viel leiden müssen. Er wird ein besonderer Angriffspunkt der Hölle sein.«

Mit zehn Jahren kommt Karl in das von Benediktinern geleitete Schottengymnasium nach Wien, wo er die naturwissenschaftlichen Fächer studiert. Es folgen Bildungsreisen und eine militärische Ausbildung. Die umfangreichen Universitätsstudien absolviert er in Prag, mit ausgezeichnetem Erfolg. Ein trauriges Ereignis überschattet allerdings den neuen Lebensabschnitt: am 1. November 1906, Karl ist gerade 19 Jahre alt, stirbt sein Vater im Alter von nur vierzig Jahren.

Krone

Eine überraschte Öffentlichkeit erfährt am 14. Juni 1911 von der Verlobung Erzherzogs Karl. Das Verlobungsdatum ist bewußt auf den Tag des hl. Antonius gelegt worden (13. Juni). Die Braut kennt Karl bereits aus der

Kindheit, seitdem haben sie sich freilich aus den Augen verloren. Zita (Kurzform für Felicitas) ist in allem ihrem zukünftigen Bräutigam ebenbürtig. Sie ist französische Prinzessin mit standesgemäßer Herkunft, kultiviert, katholisch, vermögend und von ausgeprägtem Pflichtbewußtsein. Es ist keine Verbindung kalter Staatsräson. Die Brautleute lieben einander. Zita bezeichnet die Verlobungszeit später als einen der glücklichsten Abschnitte ihres Lebens. Karl gesteht ihr: *»Jetzt müssen wir uns gegenseitig in den Himmel helfen.«*

Auf ausdrücklichen Wunsch des Bräutigams reist Zita noch in der Verlobungszeit nach Rom zum Papst, um dessen Segen für die Verbindung zu erbitten. Dabei kommt es zu einem denkwürdigen Moment. Pius X. empfängt Zita und deren Mutter in seiner Privatkapelle und gratuliert der jungen Prinzessin zur bevorstehenden Heirat mit dem Thronfolger. Zita glaubt an ein Mißverständnis, denn ihr zukünftiger Gemahl ist nicht der Thronfolger, vielmehr ist in der dynastischen Rangfolge Karls Onkel der Thronfolger. Aber der Papst entgegnet unbeirrt: »Karl wird der Nachfolger von Kaiser Franz Joseph sein. Und ich freue mich unendlich darüber, weil Karl der Lohn ist, den Gott diesem Österreich gewährt für alles, was es für die Kirche getan hat.«

Die Hochzeit findet am 21. Oktober desselben Jahres statt. Erzherzog Karl ist 24 Jahre alt, Zita erst 19. Wenige Wochen später machen die Neuvermählten eine Wallfahrt nach Mariazell, wo sie sich der Muttergottes anvertrauen. Die Prophezeiung des Papstes wird bald Wirklichkeit. Am 28. Juni 1914 werden der Thronfolger Erzherzog Franz Ferdinand und seine Gattin in Sarajevo ermordet, damit ist Karl nun tatsächlich zum

Thronfolger im Habsburgerreich aufgestiegen. Österreich-Ungarn erklärt nach dem Doppelmord den Krieg an Serbien. Der Erste Weltkrieg bricht aus.

Mitten im Krieg, am 21. November 1916, stirbt Kaiser Franz Joseph nach 68jähriger Regierungszeit. Der neue Kaiser heißt nun Karl I., bereits am 22. November nimmt er die Staatsgeschäfte auf, einen Monat später, am 30. Dezember, wird er zum König von Ungarn gekrönt. *»Bei der Krönung«*, so heißt es später in den Erinnerungen der Kaiserin Zita, *»wird das ganze Volk von Gott dem Herrscher anvertraut; von da an hatte er (Karl) für seine Untertanen zu sorgen, zu beten, für sie zu leiden und sich zu heiligen, um sie zu Gott führen zu können. Der Krönungstag war ein großer Augenblick im Leben des Dieners Gottes, von dem an er geradewegs Gott entgegenging.«* Und weiter heißt es: *»Budapest war illuminiert, das Königspaar stand auf der Terrasse der Burg, die Bevölkerung jubelte. In Anspielung auf den Palmsonntag bemerkte der König leise und ohne jede Bitterkeit zu seiner Gemahlin: ›Heute ist es Éljen! (Er lebe!) Wie bald werden sie ebenso schreien und meinen Kopf verlangen.‹«*

Der neue Kaiser und König steht vor riesigen Herausforderungen. In der Doppelmonarchie Österreich-Ungarn gärt es seit langem. Der Vielvölkerstaat, der unterschiedlichste Nationalitäten beherbergt, droht an den politischen inneren Spannungen zu zerbrechen. In der Außenpolitik erkennt Karl früh die Aussichtslosigkeit der Lage und versucht mit allen Mitteln, einen Friedensschluß zu erzielen, nicht zuletzt auch deshalb, weil er als einziger der Staatsoberhäupter die Brutalität des Krieges an der Front selbst miterlebt hat. Aber all seine Friedensbemühungen scheitern, sei es an der Borniertheit seiner Mitarbeiter, sei es am Widerstand der Gegner

Italien, England, Frankreich und Rußland, sei es an der militärischen Verblendung deutscher Generäle, sei es an der Taktik der »Freimaurer Westeuropas mit ihren ideologischen Kriegszielen« (Kovács).

Karl steht damit allein. Die aussichtsreichsten Friedensbemühungen, 1918 unternommen, werden von seinem eigenen Außenminister hintertrieben. Am Ende des Krieges ist die Donaumonarchie zerstört. Karls Vision eines reformierten Mitteleuropa als eines christlich regierten Bundes selbständiger Staaten ist seiner Zeit zu weit voraus. Unter Druck unterschreibt er nach Kriegsende einen Verzicht auf weitere Regierungsbeteiligung, doch nicht auf den Thron. Ein Jahr später zwingt man ihn, das Land zu verlassen. Zwei Restaurationsversuche, die Regierungsmacht in Ungarn wiederherzustellen – was dem Wunsch des Papstes Benedikt XV. entspricht – scheitern, unter anderem am Treubruch und Verrat ihm Untergebener. Das vorläufige Ende: Der Kaiser wird gefangen genommen und 1921 gemeinsam mit Zita auf die portugiesische Insel Madeira verbannt. Hier, fern der Heimat, ist die letzte Station des Königsdramas.

Dornenkrone

Karl weiß, daß sein Gang nach Golgotha gekommen ist. Es ist der 19. November, Elisabethtag, als sie auf der Insel ankommen. Erst Monate später, im Februar, können die sieben Kinder zu den Eltern, Zita erwartet unterdessen das achte Kind. Da die finanziellen Mittel knapp sind, hat sich Karl entschlossen, das Angebot eines ortsansässigen Patriziers anzunehmen und eine Villa auf dem Berg zu beziehen. Das Klima dort ist zu dieser Jahreszeit naß, neblig. Die Wände der Villa triefen vor Feuchtigkeit, im ganzen Haus riecht es nach Moder, es fehlt am Wesentlichen, an Holz, Essen, Platz.

Im März wird der Kaiser krank. Schüttelfrost, Hustenanfälle und Atemnot quälen ihn. Die Ärzte diagnostizieren eine Lungenentzündung, die sich zunehmend verschlechtert. Die Kaiserin übernimmt anfänglich selbst die Pflege ihres Gemahls, auch die Nachtwachen. Erst später läßt sie sich unterstützen. Der Kranke fiebert, bisweilen deliriert er, die angewandten Prozeduren bringen kaum oder keine Linderung. Die Schmerzen müssen, laut Auskunft der behandelnden Ärzte, unerträglich sein, um so erstaunlicher ist die Gefaßtheit des Kranken, über dessen Lippen kein Klagenswort und keine Beschwerde kommt. Wochen zuvor hatte er seiner Gattin gesagt, er habe das Gefühl, Gott wünsche von ihm das Opfer seines Lebens zur Rettung seiner Völker. Zita war daraufhin keiner Erwiderung fähig gewesen. Wenig später hatte Karl hinzugefügt: »*Und ich werde es tun!*«

Sein Trost im Leiden ist der Herr im Altarsakrament und die heilige Kommunion. Unter seinem Kopfpolster liegt ein Herz-Jesu-Bild. Er betet unablässig. Die Kaiserin will ihn entlasten und an seiner Stelle die Gebete verrichten, damit er endlich schlafen kann. Darauf er: »*Ich bete wirklich nur noch um die Beseitigung des Schismas in Böhmen.*« – »*Auch das habe ich bereits für dich getan.*« – »*Wohl, aber nur einmal. Ich bete tagsüber so oft in dieser Sache. Ich kann nicht oft genug darauf zurückkommen. Und auf alle übrigen Anliegen.*« – »*Auch für diese habe ich gebetet.*« – »*Du weißt ja gar nicht*«, antwortet Karl, »*wieviel ich außerdem noch bete.*« – »*Auch dafür ist gesorgt*«, entgegnet Zita, »*ich habe für alles gebetet, wofür du sonst zu beten pflegst. Der liebe Gott weiß genau, wofür es ist, wenn auch* ich *es nicht weiß.«* Erst da nickt der Kaiser.

Am 1. April 1922 endet sein irdischer Weg. Er empfängt noch einmal die heilige Speise. Der kleine Kronprinz kniet am Bett des sterbenden Vaters. Dieser ringt um Atem. *»Ich kann nicht mehr«*, hören die Umstehenden. Dann: *»Jesus, komm!«* Es ist wie ein Zwiegespräch. Dann das letzte Wort: *»Jesus!«*

Sein Herrschertum hatte er als Gnade empfangen: aus Gottes Hand. Sein Volk, das war nicht die Masse unbekannter Untergebener, sondern Menschen aus Fleisch und Blut, für die er Verantwortung trug. Er wußte, was es heißt, eines Tages für eben die ihm Anempfohlenen Rechenschaft ablegen zu müssen. Darum war er beides zugleich: Herrscher und Diener, Monarch und Knecht. Hatte nicht sein oberster Dienstherr – Christus – genau dies vorgelebt? Ihm galt seine tiefste Liebe, Ihm brachte er die letzte Huldigung. Denn der Gekreuzigte – auch er war ein König. Ja, Er war *der* König.

Als er nach Kriegende im November 1918 zum Regierungsverzicht genötigt wurde, als Morddrohungen gegen ihn ergingen, weil er sich weigerte, abzudanken und auf Thron und Kaisertum zu verzichten, hörte er nicht auf, das *Te Deum* anzustimmen. *»Auch in dieser Situation«*, so Kaiserin Zita, *»betete der Diener Gottes weiterhin jeden Abend das* Te Deum *und ließ es auch am 31. Dezember 1918 singen als Danksagung für alles, was das zu Ende gehende Jahr gebracht hatte. Man hatte ihm vorgeschlagen, das Te Deum diesmal entfallen zu lassen, doch er gab zur Antwort, daß es in diesem Jahr viel Gnade gegeben habe, für die man danken mußte.*

Er erklärte, daß ihm gerade in diesem Jahr der liebe Gott be-
sondere Zeichen Seiner Güte geschenkt, ja ihn geradezu damit
überhäuft habe. Das Jahr war hart, gewiß, aber es hätte noch
viel tragischer sein können. Und wenn wir aus der Hand Gottes
dankbar das Gute annehmen, so müßten wir um so mehr mit
derselben Dankbarkeit auch das Schmerzliche annehmen, und
außerdem habe dieses Jahr das Ende des internationalen Gemet-
zels gebracht.«

Die Seligsprechung Karls, des Friedenskaisers, erfolg-
te am 3. Oktober 2004, es war die letzte im Pontifikat
Johannes Pauls II. Fast 100 Jahre zuvor hatte Pius X.
zur Hochzeit Karls mit seiner geliebten Zita geschrieben: »Das Brautpaar möge immer auf Gott vertrauen,
der stets Hilfe sendet, wenn man sich im wahren Glauben und in wahrer Andacht an ihn wendet.« Karl und
Zita hatten vertraut, ein Leben lang. An seinem Todes-
tag fragte der Kaiser, welcher Tag sei. *»Muttergottestag«,*
antwortete die Kaiserin. Darauf Karl: *»Samstag also.«* An
einem Samstag war er gefirmt worden und großjährig geworden, an einem Samstag hatte er geheiratet, an einem
Samstag war er zum Apostolischen König von Ungarn
gekrönt worden, an einem Samstag war er auf Madeira
angekommen.

Nach seinem Tod wurde sein Herz, gemäß alter habs-
burgischer Tradition, in einer eigenen Urne verschlossen.
Die Kaiserin nahm die Herzurne auf ihrer weiteren Pil-
gerschaft mit. Am 14. März 1989 stirbt Zita. Der Gedenktag ihres Gatten, des seligen Karl aus dem Hause Österreich, ist der 21. Oktober – der Tag ihrer Hochzeit.

Karl zu Zita, auf dem Totenbett:
»Ich will dir jetzt ganz klar sagen, wie es mit mir ist: Mein ganzes Bestreben ist immer, in allen Dingen den Willen Gottes möglichst klar zu erkennen und zu befolgen, und zwar auf das Vollkommenste.« Nach geraumer Zeit sagt er: »Nur nicht murren.«

Der Sohn, Otto von Habsburg:
»Als ich ihn an seinem letzten Tag – in der Stunde der Wahrheit, wie es die Spanier nennen – sah, wußte ich, daß sein Leben erfolgreich gewesen war. Angesichts des Todes gibt es keine Selbsttäuschung. Man bleibt allein und diesseitige Errungenschaft zählt nicht mehr. Wenn man seinem Schöpfer entgegentritt, gilt vor diesem nur Pflichterfüllung und guter Wille. Gott verlangt von uns keine Erfolge, aber er verlangt von uns, daß wir unser Bestes dafür tun. Diese Lehre ist mir, wie es mein Vater wollte, die wertvollste Erfahrung für das spätere Leben geblieben. Sein Sterben hat mir gezeigt, daß es, solange das eigene Gewissen ruhig ist, keinen wirklichen Fehlschlag geben kann.«

Papst Johannes Paul II., bei der Seligsprechungsfeier:
»Er war ein Freund des Friedens.«

Wer mehr wissen will

Demmerle, Eva, Kaiser Karl I., Wien ²2005.

Mikrut, Jan (Hg.), Kaiser Karl I. (IV.) als Christ, Staatsmann, Ehemann und Familienvater, Wien 2004.

Zeßner-Spitzenberg, Hans Karl, Ein Kaiser stirbt, Altenstadt o. J.

9. April 1911   † 26. April 1938

*Er hat eigentlich alles: Eine Familie, die ihn liebt. Eine Erzie-
hung, die ihn bildet und stärkt. Talente, die ihn auszeichnen.
Rafael Arnáiz Barón, ältester Sproß einer spanischen Hochadels-
familie, gehört zu den offensichtlich Bevorzugten. Und dann, er
ist gerade mal 22 Jahre alt, läßt er all die glücklichen Lebensumstände hinter sich und geht in eine Trappistenabtei. Und was
dann geschieht, ist die endgültige Bevorzugung: Gott führt seinen Liebling in das Nichts.*

VII. Rafael Arnáiz Barón

Nada. Todo

Aᴍ Pᴀʟᴍsᴏɴɴᴛᴀɢ, ᴅᴇᴍ 9. April 1911, wird Rafael Arnáiz Barón geboren. 27 Jahre später, in der zweiten Osterwoche, am 26. April 1938, stirbt er in der Frühe des anbrechenden Tages. In diesen beiden Eckdaten spiegelt sich kristallgleich ein ganzer Weg. Es ist der Weg, der vom Jubel des Palmsonntags in das Leiden führt, um schließlich in der Glorie von Ostern vollendet zu werden. Es ist der Weg des Aufstiegs oder, wenn man so will, der Weg des Abstiegs, auf dem ein Ereignis für immer entscheidend das Leben des Pilgers Rafael prägt: Dies ist der Augenblick, an dem er zum ersten Mal – er ist 19 Jahre alt – die Trappistenabtei San Isidro betritt.

Die *Trapa,* wie er sie in seinen Schriften nennt, hat er auf Anregung seines Onkels Polin, des Herzogs von Maqueda, aufgesucht. Es ist der 23. September 1930. Die Sonne und die Hitze markieren den Tag. Drei Kilometer sind es, die die Bahnstation vom Kloster trennen. »In einer Hitze zum Ersticken« macht er sich vom Bahnhof auf den Weg zur Abtei. »Diese Sonne.« Wenige Schritte von der Klosterpforte entfernt, hält er inne, um sich zu erfrischen und zu erholen. Dann klingelt er an der Pforte. Er wird eingelassen, er äußert seinen Wunsch,

für ein paar Stunden im Kloster zu bleiben, was ihm gewährt wird. Und von da an ändert sich alles, und alles
beginnt. »Von diesem Augenblick an überfiel mich eine
tiefe Scham, als ich beim Betreten der Kirche, um den
Herrn zu grüßen, die Mönche im Chor sah, jenen Al-
tar mit der Muttergottes, die Ehrfurcht, die die Mönche
in der Kirche bekunden, und vor allem, als ich das *Salve*
hörte, das … Lieber Onkel Polin, Gott allein weiß, was
ich empfand. Ich wußte vorher nicht, wie man betet.«

Die Trapa verwundet Rafael. Es werden mehr als drei
Jahre vergehen, bis sein drängender Wunsch, Trappist
zu werden, in Erfüllung geht. In diesen drei Jahren muß
er sich im Warten üben, in der Geduld. Er beginnt ein
Architekturstudium, bemüht sich um ein straff geregel-
tes Gebetsleben und weiß sich geborgen im Schoß seiner Familie. Zu seinem herzoglichen Onkel und dessen
Frau entwickelt sich eine tiefe geistliche Verbundenheit.
Früh nehmen diejenigen, die Rafael kennen – gleich
ob nächste Familienangehörige, oder Studienfreunde an
der Akademie, oder Priester, denen Rafael auf seinem
Weg begegnet –, wahr, daß er von besonderer Art ist.
Seine Freude, sein Ernst, seine Sammlung, seine Frömmigkeit beeindrucken, ohne daß sie zur Schau gestellt
werden. Das heißt freilich nicht, daß Rafael harmonisch-
kampflos unter der Sonne Asturiens und im studenti-
schen Alltag lebt. Er hat Kämpfe. Er weiß, daß es keine
Zeit zu verlieren gibt. Er weiß um seine Eitelkeiten und
seine Anhänglichkeiten. Und er weiß, daß er, um Gott
ganz zu gehören, sich in die Schmiede Gottes hinein zu
begeben hat. »Tatsächlich«, so schreibt er an seinen zukünftigen Novizenmeister, »bekämpft der Feind Gottes
mich in jeder Hinsicht. Er hat mich des öfteren besiegt,

aber trotz allem bin ich keinen ›Millimeter‹ zurückgewichen (…).«

Liest man die Aufzeichnungen Rafaels, so merkt man oft genug den verhaltenen, bisweilen auch ausbrechenden Schmerz in der Seele des jungen Mannes, der darum ringt, noch das Geliebte zu verlassen, wenn Gott dies fordert. Seine Familie, zumal die Mutter, erlebt, zumeist unausgesprochen, die inneren Zerreißproben des angehenden Mönchs. Wenn Rafael schließlich aufbrechen wird in die Abtei, dann verläßt er kein Zuhause, das er leichthin aufgibt, sondern Bande der Zuneigung, der Liebe und des Verständnisses. Wie oft wird Rafael später davon schreiben, daß er auch ein Mensch ist, um so klar zu machen, daß Mönch zu sein nicht heißt, ein Kaltherziger zu sein, sondern genau das Gegenteil: Ein Herz zu haben, welches schlägt und leidet an jedem Schnitt und jeder Trennung.

Am 15. Jänner 1934 ist es soweit. Durch zwei weitere Aufenthalte in der Abtei, davon einer zu Exerzitien, hat er im Jahre 1931 und 1933 die klösterliche Gemeinschaft, in die er eintritt, besser kennengelernt. Wiewohl er am liebsten sogleich in die Abtei eingetreten wäre, befolgt er den Rat, den man ihm gibt, nichts zu überstürzen und schließlich das bevorstehende Weihnachtsfest noch in der Familie zu verbringen, um erst danach aufzubrechen. Während er innerlich zerreißend leidet, da er seine Eltern liebt und weiß, welch' ein Schmerz es für seine Angehörigen sein wird, wenn er geht, lächelt er doch zugleich nach außen, um die verbleibenden gemeinsamen Stunden und Tage nicht zu belasten. Zugleich empfindet er, alles überwölbend und bergend, die Freude, seiner Berufung zu folgen, und die übernatürliche Fürsorge des Himmels: »Ich habe bittere Augenblicke hinter mir, besonders, wenn ich meine Eltern leiden sehe. Aber gleichzeitig habe ich Trost erfahren, weil ich sehe, daß ihr Opfer ein christliches ist und ihr Opfer wohlgefällig in Gottes Augen (…) vermischt mit meinen Tränen und mit meinem zerschlagenen Herzen empfinde ich eine Freude, eine Zufriedenheit und innere Ruhe, die schwer zu verstehen sind. In Wirklichkeit ist das, was in mir vorgeht – menschlich gesehen – sehr seltsam (…) Welch' große Verantwortung habe ich auf mich genommen! Aber die heiligste Jungfrau hilft mir auf eine Weise, die ich fast mit Händen greifen kann! Ich will mein Möglichstes tun, aber alles, was ich in mir trage, ist so erhaben, daß ich es nicht kann. Wenn meine Freude groß ist, dann ist groß, ja sehr groß auch mein Schmerz. Aber noch viel größer ist meine Liebe zu Gott; ohne sie wäre es nicht zum Aushalten.«

Die Mutter erfährt als erste vom Weggang. Wiewohl schmerzlich bewegt, lobt sie im selben Atemzug die göttliche Hand, die ihr den geliebten Sohn nimmt. Kurze Zeit darauf kommt der Vater ins Zimmer. Er bemerkt die angespannte Situation und fragt nach dem Grund. Die Mutter antwortet: »Dein Sohn will zu den Trappisten gehen.« Der Vater schweigt zunächst. Ein kaum wahrnehmbares Zittern, so berichtet die Mutter später, geht über seine Lippen, nur einen Augenblick. Dann ruft er aus – wobei er sich um die männliche Fassung bemüht, die den gewaltsamen Schlag meistert –: »Gepriesen sei Gott für die große Gnade, die er uns erweist!« Und Vater und Sohn umarmen einander.

»Wann willst du gehen?« fragt der Vater seinen Sohn.

»Wann du willst. Ich habe es nicht eilig«, antwortet Rafael.

»Ich werde dich begleiten«, sagt der Vater.

Abschied, Schmerz, Dank, Einverständnis. Das ist alles. Die Mutter schreibt: »Ein gehorsamer Sohn, der dem Ruf seines Vaters – der es an erster Stelle war: Gott! – folgte, und menschliche Eltern, die ihre Pflicht erfüllten.«

Bereits einen Monat später, am 18. Februar 1934, dem Ersten Fastensonntag, wird der Neueingetretene als Chornovize eingekleidet und empfängt damit den weißen Habit der Trappisten. Sein Ordensname: *Bruder Maria Rafael*. Am selben Tag noch schreibt er, mit der Erlaubnis seines Oberen, der Mutter einen Brief. Darin notiert er: »(...) statt ›Herr‹ nennt man mich jetzt ›Fray‹, und das heißt ›Bruder‹. Liebste Mutter, ich bin sehr glücklich, denn heute hat man mir das Ordenskleid gegeben. Ich war ganz gerührt und tue nichts anderes als Gott loben, der mich so sehr liebt.«

Das Leben in der Trapa ist hart. Jeder Tag unterliegt einem strengen Rhythmus. Die Fastenzeit ist zudem die Zeit besonderer Askese und Abtötung. Aber was einem Außenstehenden als unerträgliche Tageslast scheinen mag, ist tatsächlich die Schule der radikalen Gottesliebe. Und Bruder Rafael, der in diese Schule geht, ist in der Freude, denn er ist endlich dort, wohin ihn seine ganze Sehnsucht unwiderstehlich zieht: »Ich bin immer überzeugter davon, daß Gott die ›Trapa‹ für mich geschaffen hat und mich für die ›Trapa‹ (...) jetzt kann ich zufrieden sterben: Ich bin Trappist.« Die erste Fastenzeit in der Trapa, so wird er später einem Freund erzählen, erfährt er, trotz aller Verzichte, als die glücklichste Zeit seines Lebens. Er ist angekommen. Er ist im Frieden. Und er weiß um seine Aufgabe: »Meine Aufgabe besteht darin,

Gott zu lieben. Das erfüllt alles und jeden Augenblick des Tages.«

Das Kreuz

Es ist noch nicht einmal zwei Monate nach diesem Bekenntnis, als der Schlag kommt. Es ist der 26. Mai, als der Novize auf Anordnung des behandelnden Arztes und der Oberen das geliebte Kloster verlassen muß. Spätabends kommt er, nach Wochen in der geliebten Trapa, in seinem Elternhaus an. In seinem Koffer ist der weiße Habit der Trappisten, für alle Fälle. »Er war blaß, konnte kaum etwas sehen und war fast sterbend. Der Anzug hing ihm von den Schultern, denn es waren 24 Kilo, die er innerhalb von acht Tagen verloren hatte«, so die Mutter in ihren nach dem Tode Rafaels herausgegebenen Erinnerungen. Ein schwerer Diabetes mellitus, zur damaligen Zeit nicht hinlänglich therapierbar, hat begonnen, den Körper Rafaels zu zersetzen. Die ihm noch verbleibenden vier Jahre ist er der schweren Erkrankung, die sein Leben radikal wandelt, ausgeliefert. Und das ist wörtlich zu nehmen. Denn eben durch die Krankheit und die Einschnitte, die sie mit sich bringt, wird Rafael tiefer und tiefer eingeführt in das, was die Frömmigkeit aller Jahrhunderte mit dem einen Wort belegt: Hingabe.

Bereits im Juni desselben Jahres 1934, und also wenige Wochen nach dem ersten massiven Ausbruch der Krankheit, sieht Rafael klar. In einem Brief an seinen Onkel schreibt er: »Was mit mir los ist, ist sehr einfach: Es ist letzten Endes die Tatsache, daß Gott mich sehr liebt … Ich war überglücklich in der ›Trapa‹, betrachtete mich als den Glücklichsten der Sterblichen, hatte es geschafft, mich von den Geschöpfen loszumachen, und wünschte nichts sehnlicher als Gott … Aber eines blieb mir noch: Die Liebe zur ›Trapa‹ (…) Hart, sehr hart ist die Prüfung, durch die ich gehen muß, aber ich zittere nicht, ich erschrecke nicht und verliere nicht mein Vertrauen auf Gott. Immer sehe ich Seine Hand in allem, was mir widerfährt und was mit mir geschieht, und ich versichere Dir, daß man großen inneren Frieden hat, wenn man sich den Händen eines so guten Vaters überläßt.«

Das schreibt der Dreiundzwanzigjährige, und man staunt über die klare geistliche Diagnose. Was jedoch nicht heißt, daß Rafael die nächsten Monate unangefochten übersteht. Die Prüfung ist Prüfung, und, wie er selbst klarsichtig erkennt, es ist eine sehr harte Prüfung. Er ist wieder im Schoße seiner geliebten Familienangehörigen und doch fern seiner eigentlichen Heimat. Das unerwartete Exil wird anderthalb Jahre andauern. In diesen Monaten lernt er die Zeiten der Tränen, der Erschütterung, der Verlassenheit, des Leidens und der Nacht kennen. Hat Gott ihn wirklich in die Trapa gerufen? Ist dies seine Berufung: Trappist zu sein? Ist er dieser Berufung würdig? »Gott hat mich gedemütigt«, schreibt er in einem Brief an seinen Novizenmeister. Der mitgenommene Habit, wiewohl er ihn nicht anzieht, ist ihm ein Trost. Er hat die innere Gewißheit, daß er als Trappist sterben wird, und wird zugleich täglich von dem Gott, der eifersüchtig seinen Liebling Rafael in die Ausschließlichkeit der Liebe führt, dahingehend unterrichtet, alles eigene Wünschen loszulassen, selbst wenn diese Wünsche fromm und gut und heilig sind, um anhand des *fiat* anzukommen bei dem Nichts, welches Alles ist – Nada. Todo.

Am 11. Jänner 1936 kehrt er in die Abtei zurück. Da er krankheitsbedingt die regulären Anforderungen des Noviziats nicht bewältigen kann, tritt er ein in den Stand des Oblaten. »Aus einem Eckchen meiner ›Trapa‹«, so schreibt er seiner geliebten Tante, die Jahre später in den Karmel eintreten wird, »werde ich für Dich beten. Bitte auch Du, daß der Herr meine Gabe annehme. Das bedeutet ›Oblate‹: Gabe.«

Zu dieser Gabe als Hingabe gehört auch, daß er seinen Wunsch nach dem Priestertum loszulassen hat. Er ist in der Schule Gottes, des Gottes, der beim Propheten Jesaia sagt: »Meine Gedanken sind nicht eure Gedanken, und eure Wege sind nicht Meine Wege« (55,8). So kommt es, daß er Ende September desselben Jahres, gemeinsam mit anderen jungen Mönchen, erneut das Kloster verlassen muß, diesmal wegen des Spanischen Bürgerkrieges, der die jungen Männer zum Wehrdienst verpflichtet. Doch Rafael wird für dienstuntauglich erklärt und kann bereits wenige Wochen später in die Abtei zurück. Der Kampf, den er zu kämpfen hat, ist ein anderer. Wie er in einem Brief an Onkel Leopoldo schreibt: »Es genügt Dir das Wissen, daß auch ich meine ›Front‹ habe, auch wenn es ohne Lärm, ohne Fahnen und ohne Schüsse ist. Auch ich kämpfe – mit der Hilfe Mariens – für Spanien. Alles ist Kampf auf Erden (vgl. Ijob 7,1), nur mit dem Unterschied, daß man die Siege derer, die vor dem Tabernakel kämpfen, nur im Himmel sehen wird.«

Zwei Tage nach seiner Rückkehr in die Trapa beginnt er aufzuzeichnen, was ihn im Innersten bewegt. *Mein Heft,* wie er die intimen Aufzeichnungen nennt, die er die nächsten Monate notiert, gewährt Einblick in seine zunehmende Loslösung von allem Geschaffenen und seine auf eben diese Art gleichzeitig zunehmende tiefe Zuneigung zu allem Geschaffenen, welches nun in IHM, dem Schöpfer alles Geschaffenen, wiedergefunden wird. Als er im Februar des darauffolgenden Jahres zum dritten Male aufgrund seines verschlechterten Gesundheitszustandes die Abtei verlassen muß, gesteht er: »Wie gut ist Gott. Er will nur mein Bestes. Er wird wissen, was Er tut … Ich gewöhne mich langsam derart an Seine Vorgehensweise, daß ich Ihn nicht einmal mehr danach frage. Ich lasse mich führen, ich lasse an mir geschehen, und das ist das Beste. Ich Armer! Wann endlich begreife ich?«

Oh ja, er begreift. Soweit man die Unermeßlichkeit der Zuneigung Gottes begreifen kann. »Ich weiß mich nicht auszudrücken, mir fehlen die Worte … aber ich nenne das, was ich gelernt habe, Gelassenheit.« Und er lernt die Umarmung des Kreuzes. Er lernt das Einfache der kleinen Dinge, die Außergewöhnlichkeit des kleinen Weges, die Heiligkeit, die »in meiner Reichweite« liegt. »Gott kann mich heilig machen, ob ich nun Kartoffeln schäle oder ein Reich regiere.« »Es ist viel schwieriger, Ingenieur zu werden, als heilig zu sein. Wenn wir nur Glauben hätten.« Und: »Einstweilen verwehrt es mir niemand, mit der Spitze meines Bleistifts zu beten, die mit ganz großer Liebe nach und nach die Konturen des toten Christus am Kreuz herausarbeitet.«

Zehn Monate verbringt er in seinem Elternhaus. Die Krankheit schreitet fort, und mit ihr die Sehnsucht Rafaels, in sein Kloster zurückkehren zu dürfen. Tatsächlich wird ihm dieser Wunsch wundersam gewährt. Der endgültige Abschied des Geschwächten und von der Krankheit Gezeichneten von seinen Eltern und seinen

Geschwistern ist herzzerreißend: »Der gestrige Tag, an dem ich mein Elternhaus, meine Eltern und Geschwister verließ, gehört zu den schwersten meines Lebens.« Er weiß, daß ihm nur noch wenige Zeit bleibt und daß er diese Zeit, »die Gott mir noch zu leben gibt, gut nutzen und mich beeilen will, Sein Kreuz lieben zu lernen.«

Am 1. Jänner des neuen Jahres notiert er die Gedanken, die im Grunde sein Vermächtnis sind: »Ich bin mir meiner Berufung bewußt geworden. Ich bin kein Ordensmann ..., ich bin kein Laie ..., ich bin nichts ... Gelobt sei Gott, ich bin weiter nichts als eine Seele, die in Christus verliebt ist. Er will nichts als meine Liebe, und Er will sie losgelöst von allem und von allen. (...) Ein Leben der Liebe, das ist meine Regel, das ist mein Gelübde ... Das ist der einzige Sinn des Lebens.« Bereits wenige Wochen zuvor hatte er einem Mitbruder geschrieben: »Es gibt nur ein Ordenskleid: das Kreuz Christi ... Alles andere ist nebensächlich und vergänglich.« Und es gibt letztlich nur »die einzige Regel, und das ist Sein heiliger Wille«.

Die verbleibenden Wochen bis zu seinem Tod sind vorbereitendes, verlöschendes Zugehen auf die ersehnte Begegnung mit IHM. Gott allein genügt. Die Einsamkeit ist groß und zugleich süß. Die Krankenabteilung ist sein Reich, der leibliche, durch die Krankheit verursachte Hunger ist sein ständiger quälender Begleiter. Er schreibt: »Wenn die Welt wüßte, welch fortwährendes Martyrium mein Leben ist! Wenn meine Angehörigen wüßten, daß meine Mitte weder die ›Trapa‹ noch die Welt und auch nicht irgendein Geschöpf ist, sondern Gott, und zwar der gekreuzigte Gott! ...« Aber das sind keine Klagen, es sind Worte des Einverständnisses, denn

Jesus wirkt unablässig in seiner Seele: »Welch großartiges Wunder!«

Am Ostersonntag 1938 empfängt er, wiewohl er als Oblate eigentlich kein Anrecht darauf hätte, aus den Händen von Vater Abt, der die außergewöhnliche Berufung Rafaels erkennt, das schwarze Skapulier, den Gürtel und die Kulle, »so daß ich – abgesehen von der Tonsur – wie ein wirklicher Mönch aussehe«. Es ist neun Tage vor seinem Tod. Als wenige Tage später sein Vater ihn in der Abtei besucht, gibt sich Rafael wie gewohnt fröhlich. Vater Abt teilt dem Vater mit, daß Rafael bestimmt sei für den priesterlichen Weg. Zukunftspläne werden gemacht. Doch Rafael selbst spürt die Nähe des Todes, wenn auch niemand ahnt, wie schnell der Tod kommen wird, so daß, als sich Vater und Sohn schließlich zum Abschied umarmen, dies der endgültige Abschied ist.

Am nächsten Tag muß Rafael mit hohem Fieber ins Bett. Bisweilen verliert er das Bewußtsein, bisweilen deliriert er. Hunger und Durst sind brennend. In einer kurzen Zeit der Klarheit sagt er einem Mitbruder: »Mein Ende ist nahe. Sehr bald gehe ich in den Himmel.« Das Sterben wird ein schwerer Kampf. In der Chronik des Klosters heißt es: »Im Augenblick des Todes geschah eine einzigartige Begebenheit (...) Während ein Priester die Sterbegebete sprach, erhob der mit dem Tode Ringende die Augen und richtete sie wie gefesselt auf einen Punkt im Raum. Plötzlich dehnte sich das Gesicht des Kranken ungeheuerlich stark aus und erreichte riesenhafte Ausmaße: Das Dreifache der normalen Größe. Es scheint, als würden die Augen – stark angeschwollen – aus den Höhlen heraustreten. Sein Mund öffnete sich, so als wollte ihn eine fremde Macht erwürgen, und sein Gesicht wurde zuerst purpurrot und später schwarz. Es war Sache eines Augenblicks. Der Priester, der mit gesenktem Kopf dastand, bemerkte nichts, und der Bruder (Constantino, der die Szene miterlebte), tief beeindruckt und voller Entsetzen und Furcht, war unfähig, ihn aufmerksam zu machen auf das, was vorging. Nachdem er den letzten Atemzug getan hatte, bekam sein Gesicht wieder den gewohnten ruhigen und sanften Ausdruck, und mit einem Lächeln auf den Lippen, so als habe er einen angenehmen und glücklichen Traum, verließ Bruder Rafael die Erde. Er war 27 Jahre alt.«

Die Liebe

Auch er, der arme Bruder Rafael, ist ein geistlicher Bruder der Kleinen Thérèse vom Kinde Jesu. Thérèse hat ihre Berufung in das nachmalige berühmte Wort zusammengefaßt: »Im Herzen der Kirche, meiner Mutter, werde ich die *Liebe* sein. Auf diese Weise werde ich alles sein.« Bruder Rafael hat früh, in den ersten österlichen Tagen seines Noviziates, seine Berufung in die knappen Worte gefaßt: »Gott zu lieben«.

Beide, Thérèse wie Rafael, werden die großen Liebenden, denn sie lassen es zu, daß Gott sie in die Schmiede der Liebe hineinnimmt, um sie dort, im Feuer, zu brennen. Thérèse kommt aus dem Feuer als die Kleine Thérèse. Rafael kommt aus dem Feuer als das kleine Nichts. Aber genau so, als die wortwörtlichen Habenichtse, werden sie zu Trägern und Leuchten der göttlichen Fülle.

Beide lassen geschehen und halten in ihrer Botschaft des Geschehenlassens gerade der heutigen Zeit, welche

das Machen und Kalkulieren und den fabrizierten Fort-
schritt vergötzt, das Gegengewicht der schlichten marianischen Haltung hin: Das *fiat.* Von Michelangelo weiß
man, daß er in dem Marmorblock, den er mit dem Mei-
ßel bearbeitete, das Bild bereits sah, welches es aus dem
Stein zu befreien galt. In der Steinmetzschule Gottes
wird Schlag für Schlag – wobei jeder Schlag im Grunde
die Berührung des Gottes ist, der all unsere Wege und
Gedanken unendlich übersteigt – das wunderbare Bild
des Heiligen herausgemeißelt. Und Bruder Rafael Maria hält stand. Er weicht nicht aus. Zwar gibt es oftmals
Tränen, meist still und verborgen, oftmals auch Zustände, die der Verzweiflung sehr nahekommen, und Krisen,
die erschüttern und selbst das Herz dessen berühren, der
von diesen Krisen lediglich liest. Aber am Bodensatz
jeder Erschütterung und jeder Zermürbung spricht der
entblößte Bruder stets neu sein *Ja,* wohlwissend, wie es
eine geistliche Schriftstellerin einmal ausgedrückt hat,
daß Einverständnis eine Form der Anbetung ist.

Während seiner ersten, durch die Krankheit erzwun-
genen Rückkehr in die Welt, fern von seiner geliebten
Trapa, notiert er in einem seiner Schreibhefte: »Herr, mit
jedem Tag, der vergeht, erkenne ich besser, was ich zu
tun habe, um mich zu heiligen. Früher glaubte ich, daß
ich – ich Armseliger! – derjenige war, der die Tugend
übte und daß ich, wenn ich etwas Gutes tat, es aus mir
selbst vollbrachte. Aber nein, Herr, das ist es nicht! Alles
Gute kommt von Dir. Daher ist es das Beste, in meinem
Leben Dich wirken zu lassen. Ich überlasse mich ganz
Dir. Nicht einmal den Wunsch, gut zu sein, möchte ich
haben, wenn es nicht auch Dein Wunsch ist. Ich will gar
nichts. Ich will für die Welt ein Nichts sein. Ich möchte

ganz Dein sein. Sogar meine Sünden gebe ich Dir, denn sie sind das Letzte, was mir bleibt und nur mir gehört. Bist Du zufrieden, Herr? – Ich bin's.«

Thérèse ist das Spielzeug in den Händen Gottes, Er kann mit ihr machen, wie es Ihm beliebt: »Ich hatte mich dem Jesulein als Spielzeug angeboten und Ihm gesagt, es solle mich nicht wie ein kostbares Spielzeug behandeln, das die Kinder nur anschauen (…), sondern als kleinen Ball von keinerlei Wert, den es auf den Boden werfen, mit dem Fuß stoßen, durchbohren, in einem Winkel liegen lassen oder an Sein Herz drücken könne, so wie es Ihm Freude mache. Mit einem Wort, ich wollte den kleinen Jesus unterhalten, Ihm Spaß machen, mich ganz Seinen kindlichen Unberechenbarkeiten überlassen (…). Er hat mein Gebet erhört.«

Bei Rafael heißt es, daß Gott ihn, den kleinen Novizen, führt, »hierhin und dorthin wie ein Spielzeug, und überall hinterlasse ich Teile meines Herzens«, denn zu guter Letzt ist Rafael »nicht mehr als eine *Sache* in Gottes Besitz«.

In der deutschen Gesamtausgabe seiner Schriften steht, ungefähr in der Mitte der Aufzeichnungen, ein kleines Vorkommnis, von dem Bruder Rafael am Heiligabend des Jahres 1935 seiner Tante erzählt. Er schreibt: »Schau, in der ›Trapa‹ hatte ein Novize einige Worte aufgeschrieben – nur zwei. Er hatte sie über seinem Schreibpult, um sie immer vor sich zu haben und zu lesen. Sie gaben ihm großen Trost. Die Worte, die meinen Mitbruder bestimmt beflügelten, waren diese: ›Und Er? …‹ Dazu benötigst Du keinen Kommentar, stimmt's?«

Damit ist alles gesagt über den armen, kleinen, heiligen Bruder Rafael. Sein Denken, Lieben, Beten, Meditieren kreist um diese beiden Worte: Und Er. Denn Er, der göttliche Freund, ist Alles, dem, wie es in der Offenbarung des Johannes heißt, alle Ehre und aller Lobpreis gebühren. Das Instrument Rafael (der im übrigen Geige spielte) läßt sich einstimmen vom Lieben Gott, bis er soweit gestimmt ist, daß die Töne, die er singt, hell und rein strömen. Nicht umsonst zitiert er in seinen Schriften, zumal in den Zeiten der Prüfung, immer wieder den heiligen Johannes vom Kreuz, diesen anderen großen Sänger der Liebe Gottes, dessen eines Hauptwerk bezeichnenderweise *Die lebendige Liebesflamme* und dessen anderes *Der geistliche Gesang* heißt. Rafael singt, auch auf die Gefahr hin, daß man ihn der Verrücktheit bezichtigt, den immerwährenden Gesang der Liebe und Zärtlichkeit Gottes zu seinem Geschöpf. Wie oft notiert er dieses Wort der *Verrücktheit*. Er ist der Verrückte der Liebe, er ist wahnsinnig vor Liebe, er ist der Betörte Gottes. Und sein Leben, diese verglühenden jungen Jahre, sind der Prüfstein des Rauschs der Liebe.

Und schließlich: Hier lebt und stirbt ein Mönch, der zugleich ein Künstler ist. Auf einem seiner letzten Bilder[1], die er wenige Tage vor seinem Tod dem Bruder Leopoldo schickt, malt er in Rückenansicht einen Mönch in seiner Kutte, der, so Rafael erklärend, »Gott anbetet in der Erhabenheit Seiner Schöpfung. Er sieht die Welt, betrachtet die Schönheit der Schöpfung und

---

1 Gesammelt in der spanischen Ausgabe unter dem Titel: *La pintura mensaje del Hermano Rafael.*

bittet alle Geschöpfe darum, Ihn anzubeten: *Omnis terra adoret Te*«.

Doch dies ist nicht alles. Denn »der Schatten dieses Menschen, der Gott in der Schönheit liebt, ist ein Kreuz«. Und dieses Kreuz, gemalt auf grünem Untergrund, ist das Zeichen der Hoffnung nicht nur in Bruder Rafaels Leben, sondern in eines jeden Menschens Leben. Denn auch dies weiß Rafael am Ende seines Lebens: »Es gibt nur eine Wahrheit, die den Frieden schenkt, um warten zu können, den Mut, um vorwärts zu gehen, und das Vertrauen, um nicht irrezugehen. Christus und Sein Kreuz sind die Wahrheit, der Weg und das Leben.« Das kleine Bild, anvertraut dem letzten Brief aus der Trapa, strahlt eine tiefe Zuversicht und einen tiefen Frieden aus. Ein kahler, entblätterter Baum, am rechten Bildrand, könnte bedrohlich wirken, aber er ist es nicht, denn auch er ist eingebettet in das göttliche *stirb und werde* und in die Verheißung, die sich bereits im ockerfarbenen Orange hinter den leuchtenden Bergen ankündigt.

An einem 11. Oktober, dem Tag, an dem zu Lebzeiten Bruder Rafaels liturgisch der *Mutterschaft Mariens* gedacht wurde, nämlich am 11. Oktober 2009, hat Benedikt XVI. Bruder Rafael Maria heiliggesprochen. Sein Gedenktag ist der 26. April, der zugleich der Gedenktag der *Mutter vom Guten Rat* ist.

Wer mehr wissen will

Abtei Mariawald (Hg.), Die Zärtlichkeit Gottes. Der mystische Weg des Rafael Arnáiz Barón, 2005.

Cobos Soto, Antonio, La »pintura mensaje« del Hermano Rafael, o. O., 1989.

Martínez-Camino, Juan Antonio S. J., Geistliche Übungen mit Bruder Rafael. Texte des hl. Rafael Arnáiz Barón O. C. S. O. als lebendige Verwirklichung der Exerzitien des hl. Ignatius von Loyola, Bernardus Verlag/Abtei Mariawald 2011.

Mohr, Sr. Ingrid P. I. J. (in Anlehnung an P. Thomas Gallego O. C. S. O.), Wenn ich tausend Leben hätte. Rafael Arnáiz Barón – Student, Künstler, Mönch und Mystiker, Bernardus Verlag/Abtei Mariawald ²2009.

Zisterzienserkloster Langwaden (Hg.), Nur Gast auf Erden? Rafael Arnáiz Barón – Mystiker und Mönch. Gesamtausgabe seiner Schriften, Bernardus Verlag/Grevenbroich 1996.

Homepage der Abtei San Isidro mit Texten und Fotogalerie zum Heiligen: http://www.abadiasanisidro.es/rafael/index.html

16. Juli 1901 † 3. Februar 1951

Als sechsjähriges Kind ist ihre Sehnsucht nach Jesus bereits so brennend, daß sie jedesmal, wenn sie an einer Kirche vorbeikommt, sagt: »Kleiner Jesus, verlaß deinen Tabernakel und komm in mein Herz!« In den folgenden Jahren, als ihr Entzündetsein hell auflodert und ihre Christusliebe Hand in Hand geht mit einer atemberaubenden Nächstenliebe, die jedes Freund-Feind-Denken aufsprengt, wird sie mit mystischen Gnaden überschüttet. Spätere Geschichtsschreibung rückt diese Erweise göttlichen Überschwangs derart in den Vordergrund, daß schließlich 1960 ein offizielles Verbot der Glaubenskongregation ergeht, welches jegliche Publikation zu ihrer Person untersagt, um schwärmerischen Übertreibungen vorzubeugen. Dieses Verbot hebt Kardinal Ratzinger 1984 auf. Seitdem wächst die Literatur über Yvonne-Aimée de Jésus, die in Frankreich längst an die Seite der Kleinen Thérèse gestellt wird, unaufhörlich. Und ihre Beliebtheit wächst. Denn Ungezählte verdanken ihr ihre Bekehrung, ihre Berufung, ihre Heilung. Ihr langjähriger geistlicher Vertrauter und Freund, P. Labutte, ist überzeugt, daß Yvonne-Aimée de Jésus ihre ganze Wirkkraft erst noch entfalten wird – jetzt, in der Kirche des dritten Jahrtausends.

VIII. Yvonne-Aimée de Jésus

Mehr

ZEIT IHRES LEBENS WIRD SIE ES als eine Gnade betrachten, am Festtag *Unserer Lb. Frau vom Berge Karmel* geboren worden zu sein, nämlich am 16. Juli 1901. Zwei Tage später wird sie getauft. Den Tauftag feiert sie später als den Geburtstag, *»an dem ich Tochter des Lieben Gottes wurde«.* Bereits drei Jahre nach der Geburt stirbt der Vater von Yvonne, gerade mal 38 Jahre alt. Zurückbleibt die Mutter mit ihren beiden Töchtern. Und zurückbleiben Schulden. Um diese zu begleichen, wird Stück für Stück der Familienbesitz verkauft. Als Zufluchtsort für die Witwe bleibt schließlich Le Mans, wo ihre Eltern ein Haus haben.

Während ihre Mutter für den Lebensunterhalt Sorge trägt, geht Yvonne, zärtlich Vonette genannt, bei ihrer Großmutter in die Schule. Von ihr hört sie von den Heiligen, von Gott, von den Armen. Und Yvonne, kindlich ungestüm, will gleichfalls eine Heilige werden: *»Ich hörte, daß die Heiligen Würmer aßen, die in den Nüssen waren, und ich beschloß, es ebenfalls zu tun. Mein erster Versuch war jedoch katastrophal.«* Und schon jetzt zeichnet sich ab, daß Yvonne ein großes Herz für die Armen hat, denen sie, wo immer sie sie antrifft, etwas schenken will. *»Wenn ich nichts dabei hatte, was ich ihnen hätte geben können, sagte ich ihnen:*

›*Ich liebe Sie*‹.« Und Vonette macht in ihrer Liebe nirgendwo Halt. Sie liebt die Tiere, sie liebt die Menschen, sie
liebt den kleinen Jesus.

1907 übernimmt die Mutter die Leitung eines Schü-
lerinnenpensionats in Argentan. Für Yvonne heißt dies,
Abschied nehmen von der geliebten Großmama. Ihre
Mutter, die Direktorin des Pensionats, in dem Yvonne
nun selbst Schülerin ist, sieht sie nur selten. Aber die
Kleine ist tapfer. »*Wenn ich nicht tapferer bin, werde ich nie-
mals eine Heilige*«, sagt sie sich, und darum beginnt sie,
ihr Temperament, ihre Wünsche, ihre hitzige Natur zu
zähmen. Diese alltäglichen Bemühungen setzt sie fort,
als die Mutter 1909 mit ihren Kindern nach Toul, in der
Nähe von Elsaß-Lothringen, übersiedelt, wo sie erneut
die Direktion eines Pensionats übernimmt. Yvonne me-
ditiert nun jeden Morgen fünf Minuten, bevor sie in den
neuen Tag hineingeht.

Die schulischen Leistungen lassen indessen zu wünschen übrig. Yvonne hat oft Kopfschmerzen, beklagt
sich jedoch nicht. Ihre ältere Schwester ist Vorzugsschü-
lerin und wird von der Mutter mit Stolz angeschaut,
Yvonne dagegen enttäuscht. Unter diesen alltäglichen
Zurücksetzungen und kindlichen Schmerzen wächst
Yvonnes geistliches Leben, das längst in den Händen
Jesu ruht. Eines Tages fällt aus dem Buch einer Schul-
freundin ein Gebetsbildchen heraus. Auf dem Bild ist
Christus zu sehen, und Christus fragt Yvonne: »*Liebst du
mich genauso wie deine Puppen?*« Yvonne zögert nicht mit
der Antwort: »*O ja, viel, viel mehr!*« Doch bleibt es nicht
beim Wort allein, sogleich folgt die Tat: ihre geliebten
Puppen, die sie erst vor kurzem gegen ein ganzes Sam-
melsurium von Schätzen eingetauscht hat, gibt sie nun

her, um das kleine Jesusbildchen zu empfangen. Und Jesus *»nahm in meinem Pult den Platz der beiden Puppen ein. Und jedesmal, wenn ich das Pult öffnete, küßte ich sein Bild und sagte zu ihm: ›Stimmt es nicht, daß ich dich liebe? Daß wir uns sehr lieben?‹«*

Schließlich kommt der lang ersehnte große Tag: Yvonne darf zur Ersten Heiligen Kommunion gehen. Sie ist neun Jahre alt, es ist der 30. Dezember 1910, sie hat sich in Paris bei den Schwestern der Heimsuchung in viertägigen Exerzitien auf die Begegnung mit Jesus vorbereitet, und Jesus ist da, und Yvonne liefert sich ihrem Jesus ganz aus. Zwei Tage später, am 1. Jänner, schreibt die Kleine mit ihrem Blut einen Pakt mit Jesus, den man erst nach ihrem Tode findet. Darin heißt es: *»O mein kleiner Jesus, ich schenke mich Dir ganz und für immer (…) Ich will viele Seelen retten und Dich mehr als alles auf der Welt lieben (…) Ich will nur Dir gehören, aber vor allem will ich Deinen Willen tun. Deine kleine Yvonne.«*

»O ja, Herr.«

Eine neue Übersiedlung steht bevor. Nach einem Zwischenaufenthalt in Neuilly geht es zwei Jahre nach England in ein Internat, das von geistlichen Schwestern geführt wird. Hier vernimmt die Vierzehnjährige den Ruf zum Ordensleben, hier auch beginnt sie damit, jeden Tag das *Kleine Offizium der heiligen Jungfrau* zu beten. Ihre Mutter, der sie in einem Brief von ihrem Wunsch nach dem Ordenseintritt berichtet, lehnt ab. Es wird noch Jahre dauern, bis sich die Sehnsucht Yvonnes erfüllt. Dazwischen liegen neuerliche Umzüge und eine ausgedehnte caritative Tätigkeit in der sogenannten *Roten Zone* in Paris. Es ist ein Elendsviertel vor den Toren

der Großstadt, ein Niemandsland, in dem Yvonne, herangewachsen zu einer schönen, liebenswürdigen jungen
Frau, ihr Glück darin findet, für die Armen dazusein.
Und wenn das Geld fehlt, um die Armen zu versorgen,
ist Yvonne erfinderisch und setzt ihre Talente ein: sie
gibt kleine Konzerte (da sie gut Geige und Klavier spielt),
schreibt Novellen, malt oder kocht, und wird selbst zu
einer Romanheldin der damaligen Zeit.

Ihre Mutter, ebenso wie ein verwandter Geistlicher,
drängen derweil zur Heirat. Das Wort des Priesters gilt
ihr viel. Sie will gehorchen. Nachdem sie zwölf Braut-
werber abgelehnt hat, resigniert sie und verlobt sich mit
einem Jugendfreund. Aber ihr Inneres ist in herzzerrei-
ßender Spannung: »(...) *du willst mich ja nicht, Herr, da
man mir eine Ordensberufung abspricht! Und doch glaube ich,
eine zu haben. Es scheint mir, daß ich treu geliebt und dir treu
gedient habe! Herr, erbarme dich meiner Traurigkeit!*«

Die Lösung kommt anders als gedacht. Der Verlob-
te erkrankt plötzlich an Tuberkulose und gibt Yvonne
frei. Sie selbst, von Mitleid für ihren Verlobten erfaßt
und ihn in dieser schweren Prüfung nicht allein lassen
wollend, erkrankt an Paratyphus und reist, weil man es
ihr empfiehlt, zur Erholung nach Malestroit in die Bre-
tagne – eben dorthin, wo ihr Schicksal seine Reife erfährt. Denn in Malestroit haben die Augustinerschwe-
stern eine Niederlassung. Die Schwestern verbinden das
Klausurleben mit der Krankenpflege. Im Krankenhaus,
welches die Augustinerinnen betreuen, lernt Yvonne die
Schwestern kennen und begegnet zugleich dem Jesuiten-
pater Crété, dem sie ihr Herz öffnet und der ihre Berufung erkennt.

Und hier, während ihres ersten Aufenthalts in Malestroit, am 5. Juli 1922, greift Jesus in ihr Leben unwiderruflich ein, und die Gnade ist überströmend. Sie liegt im Bett, als sie dreimal den Anruf vernimmt: »*Yvonne!*« Sie hat Angst, sie betet das Vaterunser, schließlich kniet sie sich im Bett hin. Da sieht sie einen Lichtschimmer und im Licht ein Kreuz. Eine milde Stimme fragt sie, ob sie das Kreuz tragen will. Sie antwortet: »*O ja, Herr!*« Das Glück überwältigt sie. Und die Stimme sagt: »*Sei eine verlassene Seele. Nimm die Prüfungen, die ich dir schicken werde, als die größte Gnade und die größte Gunst an, die ich den Seelen erweise, die ich liebe. Nimm sie an, ohne dich über sie zu beklagen, ohne ihre Art oder ihre Dauer zu untersuchen. Ohne dich ihrer zu rühmen. Achte nicht auf das, was dich schmerzt oder demütigt. Schau auf mich; ich liebe dich. Genügt das deinem Herzen nicht?*« Sie fragt: »*Sag, Herr Jesus, bist du es wirklich?*« Als Antwort sieht sie eine Hand, die sich dem Kreuz nähert, eine Lilie pflückt und diese ihr gibt. Diese Lilie ist im Zimmer später zu sehen und verwelkt nicht. Erst Tage später verschwindet sie, nachdem Yvonne die Worte vernommen hat: »*Ich werde meine Lilie wieder nehmen, um in andere Seelen Liebe auszugießen.*«

Yvonne ist ab nun Braut Christi, auch wenn es noch Jahre dauern wird, bis sie im Kloster in Malestroit ihren offiziellen Weg als Postulantin beginnt. Und weil sie dem Herrn gehört, kann sie niemandem sonst gehören. Ihre Verlobung wird endgültig und leidvoll gelöst. Der Weg mit dem Herrn ist offen, und es ist, wie der Herr ihr anvertraut hatte, ein Weg der Verzichte, der Prüfungen, der Demütigungen, der Schmerzen. Aber Yvonne ist eine Verwundete, und die Wunde der Liebe sagt *ja* und wieder *ja* und wieder *ja*. Als sie im Sommer desselben Jahres

auf Jesu Aufforderung hin, für die Umkehr eines Priesters zu leiden und zu sühnen, antwortet: *»Ich will dich
für zwei lieben«*, antwortet der Herr: *»Gib mir noch mehr,
meine kleine Yvonne.«* Und dieses *»noch mehr«* wiederholt
sich die nächsten Tage. *»Meine kleine Geliebte, noch mehr!«*
Was soll sie antworten?

Hat sie ihm nicht bereits Alles gegeben? Ihr Seelenführer gibt ihr den Rat, daß sie dann, wenn Jesus wiederum
das *»Noch mehr!«* verlange, antworten solle: *»Herr Jesus,
alles, was du willst!«* Und Yvonne wird die Heilige des
Willens Gottes.

»Ich sage immer *ja* zum Guten Jesus.«

Es bleibt nicht aus, daß der Widersacher Yvonne mißhandelt. Sie ist 22, als sie der Satan aus einem zweiten
Stockwerk hinabstürzt, was ihr lebenslange Schmerzen
an der Wirbelsäule verursachen wird. Doch Krankheiten,
Fieberanfälle, satanische Quälereien beantwortet sie mit
ihrem Ja des Einverständnisses: *»(…) und ich bin so glücklich, für die Seelen, die Priester, leiden zu dürfen!«*

Obgleich es noch Jahre hin sind bis zu ihrem Kloster-
eintritt, schenkt ihr Jesus jetzt bereits eine Sendung für
die Klostergemeinschaft, indem Jesus sie *»Seelen, Herzen,
Gewissen sehen«* läßt. Das ihr von Jesus selbst geschenkte und späterhin weitverbreitete schlichte Gebet: *»O Jesus, König der Liebe, ich vertraue auf Deine barmherzige Güte«* (O Jésus, Roi d'amour, j'ai confiance en Votre mi-
séricordieuse bonté) hilft den Augustinerinnen, interne
Spannungen und Rivalitäten zu bekämpfen und das klösterliche Leben wieder auf die Liebe auszurichten. Andere Botschaften Jesu an die Gemeinschaft verhelfen dazu,
der üblen Nachrede ein Ende zu setzen.

Da mehrere Ordensschwestern Zeugen von Yvonnes übernatürlichen Charismen und Prüfungen werden (u. a. Stigmata, Bilokation, Angriffe des Dämons), kommt es dahin, daß, gegen ihren Willen, ihre mystischen Erlebnisse publik werden und damit auch dem Ortsbischof bekannt werden. Eine schwere Zeit der Zurücksetzung ist die Folge. Sie wird von kirchlichen Oberen beargwöhnt, der Aufenthalt im geliebten Malestroit wird ihr zeitweilig untersagt, was um so schmerzlicher ist, da sie mittlerweile weiß, daß hier, in Malestroit, ihr Platz ist. Zugleich haben ihre sogenannten *Missionen* begonnen. Der Herr schickt sie, ohne daß sie recht um die Details des Auftrags weiß, zu Hostienschändern, damit sie, Yvonne, den Leib Christi unversehrt ins Heiligtum zurückbringt.

1927, nach langen Jahren des Wartens und des geduldig ertragenen Aufschubs, darf sie endlich in die Klostergemeinschaft eintreten. Ihr zukünftiger Ordensname: Yvonne-Aimée de Jésus – Yvonne, die von Jesus Geliebte. Bereits fünf Jahre später ist sie Novizenmeisterin, mit 35 Jahren ist sie (nach erforderlicher Dispens von Rom wegen ihres jungen Alters) Oberin der Gemeinschaft in Malestroit, welche Niederlassung die verborgene, strahlende Mitte der Ordensfamilie wird, und 1946 wird sie zur Generaloberin gewählt.

Ihr eigenes Kloster, das sie, gemäß der Fatimabotschaft, in einem Weiheakt der Muttergottes unterstellt und das bei einem kriegerischen Angriff auf die Region vor der Zerstörung bewahrt wird, wird im Zweiten Weltkrieg Zufluchtsstätte für Widerstandskämpfer und Fallschirmspringer. Gleichwohl ist Mutter Oberin keine patriotisch Hassende. Als die Deutschen ihr Kloster besetzen, schreibt sie dem Kommandanten: »(...) betrachten Sie mich nicht als eine Feindin, wenngleich ich zu hundert Prozent Französin bin.« Und sie lebt, was sie sagt.

In der dem Kloster angeschlossenen Klink werden auch verletzte Deutsche versorgt und notfallmäßig operiert. Sie selbst wird mitten im Krieg von der Gestapo verhaftet und entkommt nach etlichen Verhören und Mißhandlungen, kurz vor dem Abtransport in ein Lager, auf wundersame Weise. Zu allen Prüfungen und den Belastungen des Amtes kommt hinzu, daß ihr langjähriger Seelenführer sie mitten im Krieg verdächtigt, dem Teufel in die Falle gegangen zu sein. Ein Priester, der maßgeblich an dieser ungeheuerlichen Anklage beteiligt ist und sich als Richter der Nonne gebärdet, bittet die zu Unrecht Beschuldigte zu guter Letzt um Vergebung, nachdem er eine Stunde lang ein Gespräch mit ihr geführt hat.

Und Mère Yvonne-Aimée? Wie lebt sie in diesem Strudel der Ereignisse? Sie betet, verzeiht, liebt. Die Kleine Thérèse, so sagt sie einmal, sei ihre Heilige. Wie Thérèse, so ist auch Yvonne-Aimée eine Brennende. Nichts, was sie zurückhalten kann zu lieben, denn nur die Liebe zählt. Während Thérèse unter Schmerzen in ihrer Klausur für einen Missionar geht, geht Yvonne in all die Löcher und armseligen Behausungen und Elendsquartiere, wohin der Herr sie schickt. Heimgesucht von Krankheiten, chronischen Schmerzen und schwersten inneren Leiden, macht es Yvonne-Aimée wie Thérèse, ihre Schwester im Geiste – sie lächelt, während sie am Tisch der Sünder sitzt. Ihre Liebe bleibt nicht unerkannt. Selbst die staatlichen Stellen rühmen die ungewöhnliche

Augustinerschwester. Nach dem Krieg empfängt sie aus der Hand General de Gaulles das Abzeichen der Ehrenlegion, man dankt ihr »im Namen Frankreichs«.

Die große Tochter Frankreichs, der ältesten Tochter der katholischen Kirche, stirbt am 3. Februar 1951, im Alter von 49 Jahren, mitten in Plänen zu einer Visitationsreise nach Südafrika. So ist sie, die von Jesus Geliebte: Gezeichnet vom Tod, will sie gleichwohl aufbrechen, da ihr Geliebter sie ruft. Aber der Kontinent, wohin ihre letzte Reise schließlich geht, ist ein anderer. Nicht Afrika, sondern der Azur der Herrlichkeit. Der Seligsprechungsprozeß ist eröffnet.

Wer mehr wissen will

Labutte, Paul, Yvonne-Aimée de Jésus, «ma mère selon l'Esprit», Témoignage et témoignages, Paris ²2006.

Laurentin, René, Yvonne-Aimée de Jésus. Geschichte einer großen Liebe, Stein am Rhein 2000.

Homepage der Augustinerinnen in Malestroit zu Mère Yvonne-Aimée de Jésus: http://www.augustines-malestroit.com/yvonne_aimee _de_Jesus.php

*6. April 1930 † 1. Oktober 1957

Man hat ihn posthum den guten Schächer genannt. Im Französischen prägte man das Wortspiel vom assasaint, einer Kombination aus den beiden Worten assassin (Attentäter) und saint (Heiliger). Nach seinem frühen Tod – der Hinrichtung durch die Guillotine – erschienen nach und nach seine Briefe und sein geistliches Tagebuch, von Fesch in der Gefängniszelle verfaßt. 1981 hat schließlich der damalige Erzbischof von Paris, der spätere Kardinal Lustiger, die Causa des Seligsprechungsprozesses für den assasaint eröffnet. Und wer war, wer ist dieser Hingerichtete?

IX. Jacques Fesch

Das ewige Licht

Am 6. April des Jahres 1930 wird Jacques Fesch in Brüssel geboren, wo sein Vater Direktor eines großen Kreditinstitutes ist. Wenige Jahre später übersiedeln die Eltern in die Pariser Region, wo der Vater einen Bankposten übernimmt. In Saint-Germain-en-Laye, im westlichen Einzugsbereich von Paris gelegen, wächst Jacques auf, in einer familiären Atmosphäre, die alles andere als der Seele eines Kindes gut tut. Der Vater ist überzeugter Atheist, seine Weltanschauung krude materialistisch: »Für Außenstehende«, so der Sohn über den Vater, »war mein Vater auf seine Art ein reizender Mensch, aber in Wirklichkeit war er sarkastisch, überheblich und zynisch.«

Die Mutter hat diesem abgründigen väterlichen Einfluß nichts Wesentliches entgegenzusetzen, sie ist zu schwach, um ihrem heranwachsenden Sohn ein stabiles Sinngefüge oder gar die exakten Grenzlinien zwischen gut und böse zu vermitteln. Jacques Fesch selbst wird später, schon interniert, über die destruktive Situation zuhause sagen: »Ich halte es nicht für eine Indiskretion, wenn ich etwas verrate, was die Spatzen von den Dächern pfiffen: Meine Eltern verstanden sich nicht. Die

Folge war eine unerträgliche Atmosphäre in unserer Familie. Wenn die Krise auf dem Höhepunkt war, schrie man sich an, nachher war man verlegen und kalt. Es gab keine gegenseitige Achtung, keine Liebe.«

Es verwundert daher nicht, wenn die fehlende Geborgenheit in der Familie kein seelisches Gleichgewicht im Heranwachsenden erzeugt. Im Gegenteil. Jacques' Labilität nimmt zu. Er ist unausgeglichen, unglücklich, unruhig. Die lebensfeindlichen und amoralischen Maximen seines Vaters, die für ihn den Anschein von Stärke und Weltüberlegenheit haben, macht er sich zu eigen; in seinen Worten, welche nichts weiter als die Duplikation des väterlichen Nihilismus sind, heißt es nun: »Am Ende würde das Chaos alles verschlingen, und in dieser Welt gab es weder Gut noch Böse, was zählte, waren Sensationen.«

Und in der Tat, das Chaos nimmt zu, in ihm und um ihn herum stürzen die bürgerlichen Fassaden unübersehbar ein. Seine Eltern trennen sich, der Vater zieht sich alleinlebend in ein abgeschiedenes Dorf zurück. Jacques, er ist gerade neunzehn Jahre alt, heiratet Véronique, weil er »etwas wie Nestwärme« sucht, eine junge Jüdin, die von ihm schwanger ist. Aber er ist weder Ehemann, noch Vater. Er ist der junge Mann, der ohne Halt mehr und mehr einem Abgrund zusteuert. Die Ehe geht auseinander; er zieht zur Mutter. »Eine winzige Kleinigkeit«, so er, »hätte mich damals retten können.« Aber das erlösende, befreiende Wort oder gar die heilende Hand findet er nicht.

Eine Arbeit im Unternehmen seines Schwiegervaters wirft er beim ersten Versagen hin. Er macht Schulden und weiß nicht, wie die Schulden erstatten. Seine Mutter, die ihn bislang finanziell unterstützt hat, setzt ihn vor die Türe. Er ist ein innerlich Gehetzter, »alles trieb mich dazu, vor mir selbst zu fliehen, und trieb mich dabei auf jene breite Straße, die ins Verderben führt.«

Als Ausweg erscheint letztlich die Flucht nach Übersee. Es ist die Illusion, die sich als Traum tarnt. »Was ist romantischer, abenteuerlicher und verführerischer als das herrlich freie Leben eines Seemanns, der auf seinem eigenen Schiff allein übers Meer fährt?« Die Idee der Flucht wird zur Besessenheit. Das Geld zur Verwirklichung der Illusion muß aufgetrieben werden. Er plant einen Raubüberfall. »Und dann passiert es. Man geht hinein wie ein Irrer, mit stieren Augen und bösem Gesicht (…) Man handelt wie ein Automat. Ich habe diesen Raubüberfall völlig umsonst verübt (…) ich spüre nichts in dem Augenblick, weil mich die Angst völlig betäubt hat. Ich stürze aus dem Laden, ein Passant sieht mich und schreit. Ich renne, laufe an einem Auto vorbei und denke gar nicht daran einzusteigen. Ich fliehe. Man jagt mich, man schlägt mich, man schreit. Ich verliere fast den Verstand. Es hämmert unaufhörlich in meinem Kopf: Was habe ich getan? Was habe ich getan? Was dann kommt, sind ein Schußwechsel, ein Mord und das Einfangen eines wilden Tieres …«

Die Zelle

Nach seinem Verbrechen – die Anklage lautet auf bewaffneten Raubüberfall und Tötung eines Polizisten – verbleiben Jacques Fesch drei Jahre und sieben Monate. Es ist die Zeit, die er in Einzelhaft in einem Pariser Gefängnis verbringt. Es sind lange Jahre der Einsamkeit, der

Stille, der Kämpfe, des Nachdenkens, der Reue und des Gebets. Und hier, in der Abgeschiedenheit der Isolation, beginnt im leuchtend-dunklen Zeitmaß Gottes die innere Umkehr von Jacques Fesch.

Als ihn zu Beginn der Haft, Februar/März 1954, der Gefängnisgeistliche besucht, brüskiert er diesen mit dem Geständnis, daß er keinen Glauben habe, er sei Atheist. Der Geistliche läßt sich von dieser Abwehr nicht irritieren, besucht Jacques weiterhin und leiht ihm Bücher. Ein früherer Klassenkamerad, der inzwischen Ordensmann geworden ist, schreibt dem Inhaftierten und betet für ihn. Und da ist schließlich noch der Verteidiger des Mörders, Rechtsanwalt Baudet, der Christ ist und sein Christsein ernstnimmt und der sich von den Versuchen seines Mandanten, den Glauben intellektuell zu desavouieren, nicht verwirren läßt. Man kann, wenn man diese Konstellation betrachtet, nicht umhin, Gottes sanfte wie unerschütterliche Initiative am Werk zu sehen, den Gott, der nicht will, daß »jemand«, wie es im zweiten Petrusbrief heißt, »zugrunde geht, sondern daß jedermann zur Buße findet« (2 Petr 3,9). Und Jacques findet zur Buße.

Es ist nach mehr als acht Monaten der Inhaftierung, als der Blitz der Gnade ihn in seiner Zelle unwiderruflich trifft. Es ist abends. Zum erstenmal leidet er, so seine eigenen Worte, in einer wirklich seltenen, schmerzlichen Intensität, als ihm bestimmte Dinge aus seiner Familie klar werden. Und es ist in dieser abendlichen Leidaufwallung, daß sich seiner Brust der Hilfeschrei entringt: »Mein Gott.« Und Gott ist da.

Jacques Fesch hat dieses alles ändernde Ereignis des öfteren in Briefen geschildert. An seine Tochter Véronique hat er von der unendlichen süßen Kraft des Heiligen

Geistes gesprochen, die ihn im Sturm überwältigte und
erfüllte. In einem Brief an den geistlichen Freund Frater
Thomas schreibt er über das Ereignis und die ihm vor-
aufgehende Zeit: »(…) ich handelte wie unter Zwang,
wie ein Besessener. Dann kam die Verzweiflung. Deinen
ersten Brief habe ich nicht verstanden. Ich hatte keinen
Glauben. Später, als ich schon einige Monate Haft hinter mir hatte und mein Rechtsanwalt mir immer wieder
die Richtung wies, habe ich versucht zu glauben. Schritt
für Schritt kam ich so weit, daß ich meine früheren An-
schauungen überprüfte. Ich war nicht mehr so sicher,
daß es keinen Gott gab. Ich wurde empfänglich für den
Glauben, ohne ihn jedoch schon zu besitzen. Ich versuchte mit dem Verstand zu glauben, ohne überhaupt
zu beten oder doch nur sehr wenig. Und dann, nach
einem Jahr Haft, erfaßte mich auf einmal ein heftiger
Schmerz, unter dem ich sehr litt. Plötzlich, ein paar
Stunden später, besaß ich den Glauben und eine unerschütterliche Gewißheit. Ich glaubte und verstand nicht
mehr, wie ich es vorher überhaupt fertiggebracht hatte,
nicht zu glauben. Die Gnade war bei mir eingekehrt,
eine große Freude überkam mich, und vor allem erfüllte mich ein tiefer Friede. Alles wurde klar in wenigen
Augenblicken. Was ich empfand, war eine ganz starke
innere Freude, und vielleicht wünsche ich jetzt zu sehr,
sie noch einmal zu empfinden. Aber das Wesentliche ist
nicht das Gefühl, sondern der Glaube. Das nächtliche
Dunkel ist gewichen. Alles ist jetzt so leicht geworden,
aber noch bleibt mir viel zu tun.«

Der Glaube ist das neue, große, unverdiente, makello-
se Geschenk. Es wird dem Sünder Jacques gereicht, und
der Sünder Jacques gesteht nun das Erschütternde: »Ich

habe jetzt wirklich die Gewißheit, daß ich zum erstenmal zu leben beginne.«

Der Kampf

Wer naiv ist, könnte glauben, damit sei alles in bester
Ordnung und die Geschichte von Jacques Fesch sei zu
Ende. Aber der Glaube ist Beginn, kein Ende. Und
die Zeit der Verwöhnung durch Gott, zu Beginn des
Glaubenslebens, ist die Zeit, die nicht einschläfert, sondern vorbereitet für den Kampf, der mit Gewißheit
der Verwöhnung folgt. Und Jacques Fesch wird diesen Kampf, wie Ungezählte andere vor ihm und nach
ihm, am eigenen Leib erfahren. Da er, wie er nüchtern
erkennt, ein im Lebenskern Verwundeter ist, einer, dessen Lebensatem gleichsam halbiert ist, lauert in seiner
Zelle die Versuchung, dem neuen, göttlich eingehauch-
ten Leben zu mißtrauen und dem altbekannten, dem
gewohnheitsmäßigen Lebensüberdruß, dem Unglück,
dem amputierten Atem das Feld zu überlassen. In der
Einsamkeit seiner Zelle, in der gleichwohl der Himmel
anwesend ist, beginnt der tägliche Kampf Feschs gegen
die Lauheit, gegen die Verzweiflung, gegen die Verlas-
senheitsgefühle, gegen die Lebensmüdigkeit, gegen die
Erinnerung an eine katastrophische Vergangenheit, die
ihre Schatten wirft.

Daß er, trotz aller Rückschläge im Kampf durchhält,
verdankt er letztlich der Tatsache, daß er die geistlichen
Mittel, welche die Kirche für den Sünder und Kämpfer
kostenlos bereithält, dankbar in Anspruch nimmt. Er
geht, so oft es möglich und ihm gestattet ist, zur heiligen
Messe und zur heiligen Kommunion, die der Gefängnisgeistliche ihm reicht. An den vielen Tagen, wo er

ohne den Beistand der hl. Messe auskommen muß, betet er die Meßtexte des Tages, um so geistigerweise das
Meßopfer mitzuvollziehen. Das Gebet – das Breviergebet, das Rosenkranzgebet, die Kreuzwegandacht – wird
zum Rettungsanker, der nicht untergehen läßt, die Muttergottes strahlt für den Gefangenen als diejenige auf, als
die sie seit Jahrhunderten im Glauben des Volkes angerufen wird: als Mutter und Fürsprecherin und Heil der
Kranken und Zuflucht der Sünder. »Ich bezeuge aus eigener Erfahrung«, so wird er in einem sehr späten Brief
notieren, »wenn ein Herz vom Himmel das kostbare
Geschenk empfangen hat, sich in Schmerzen, Gefahren
und Prüfungen an Maria zu wenden, dann empfindet
dieses Herz Frieden, Ruhe und Seligkeit.«

Die geistliche Lektüre (während seiner Haftzeit liest er
an die vierhundert Bücher, darunter viele geistliche Klassiker) und der intensive Briefwechsel tun ein Übriges,
um den Gefangenen aufzubauen und zu bestärken. In
seinen Aufzeichnungen gibt er Rechenschaft über sein
Leben, seine Prüfungen, sein Versagen, seinen Glauben,
seine Hoffnung, seine Kämpfe. Es ist zwei Monate vor
seinem Tod durch die Guillotine, daß er seiner Tochter
in einem Brief die Kämpfe der vergangenen Jahre geistlich deutet. Er schreibt von der Leichtigkeit der ersten
Glaubensschritte, vom leichten Glück, wenn Gott das
Herz erobert; aber er schreibt auch von den langen Monaten, welche dieser Seligkeit folgten: »Diese Phase der
leichten Glückseligkeit endete eines Abends durch eine
kurze, aber heftige Vereinigung mit Gott, die ich nie vergessen werde. Danach kam die relative Trockenheit, alles
wurde rauh, dunkel und wie in die Ferne gerückt, einige vorübergehende kleine Aufschwünge verblieben, wie

Oasen in der Wüste, und die Anstrengung, die ich unternahm, kam mir vergeblich und unnütz vor.«

Es ist nicht so, als würde sein Glauben wanken. Er ist nach wie vor »vollkommen überzeugt von den Wahrheiten des Glaubens«, doch zur gleichen Zeit bewegt er sich in Zonen des Treibsands, in dem sich die Schritte des Glaubens oder gar der Triumphe des Glaubens verlieren und verwischen. Diese Prüfung dauert mehr als zwei Jahre. Als schließlich am 3. April 1957 sein Prozeß beginnt, der nach drei Tagen, genau an seinem Geburtstag, dem 6. April, mit dem Todesurteil endet, scheint die Prüfung ihrem Höhepunkt zuzusteuern. »Ich murre immer wieder«, so der Verurteilte, »gegen den Ratschluß des Herrn.« Er will vertrauen und dem Herrn gehorchen, in allem, »aber der Mensch in dir lehnt sich auf: ›Herr, nimm deine Hand von mir, ich ersticke.‹« Er weiß, er müßte sich »an dem Werk der Auferstehung«, welches der Herr in ihm wirken will, mitarbeiten, aber er weiß zugleich, daß er einen äußerst schwachen Willen hat, und er weiß zudem mit dem Wort aus dem Petrusbrief, daß »jetzt die Stunde der Anfechtung da ist«, in der ihn »›der brüllende Löwe‹ umkreist«, um ihn zu verschlingen. Und in diesen Stunden des Zerrissenseins zwischen Aufbegehren und Versuchen des Vertrauens, zwischen Müdigkeit und Gleichgültigkeit sowie in der rätselhaften Gewißheit, daß der Einspruch seines Rechtsanwaltes auf Begnadigung abgelehnt werden wird, bleibt in Jacques Fesch geheimnisvoll anwesend die zerschundene Sehnsucht, die sich ausstreckt nach dem höchsten aller Güter: der »Verherrlichung in Christus, dem Auferstandenen«.

Dann, im Brief an Véronique vom 3. August 1957, bricht er, vergleichbar dem Memorial Pascals, in Jubel aus: »Freude, Freude, Freude, und Dank sei Gott. Seit drei Tagen habe ich neuerlich den Glauben (...) Zum zweiten Mal in meinem Leben fallen mir die Schuppen von den Augen und ich erkenne aufs Neue, wie süß der Herr ist.«

Es ist der Durchbruch als Aufbruch zum Tod. Zwei Monate verbleiben dem Verurteilten noch. Zwei Monate, in denen sich seine Aufgabe klar abzeichnet. Er will sein Leben herschenken für die Anderen. Er will den Willen Gottes tun. Er will durch sein Lebensopfer beitragen zur Bekehrung seines Vaters, zur Freude seiner Frau, zum Glück seiner Tochter, zur Verzeihung seiner Tat. Hieß es einst: »Ich wurde zur Maschine, wurde ein absoluter Egoist«, so heißt es jetzt: »Ich habe noch zwei Monate vor mir und weiß jetzt, was Jesus von mir will: Daß ich meinen Willen ganz dem seinen unterwerfe, daß ich *ja* sage zu dem Sühneopfer, gegen das ich mich zunächst auflehnte, um es jetzt anzunehmen (...) Anstatt sinnlos zu sterben, werde ich meinen Tod für alle aufopfern können, die ich liebe.«

Es gehört zu den Geschenken der angenommenen Bereitschaft, daß sein Gebet Früchte bringt. Seit langem betet er für seine Frau Pierrette, daß auch sie zum Glauben findet und in Gott den Halt und Trost für ihr Leben. Auch ist es ihm ein Herzensanliegen, daß ihre einst lediglich standesamtlich geschlossene Ehe vor Gott besiegelt wird: »In der Frage der kirchlichen Trauung wußte ich nicht, was ich tun sollte, und habe deshalb die Gottesmutter gebeten, daß sie sich der Sache annimmt. Und plötzlich gab es keine Probleme mehr. Pierrette ist nicht nur einverstanden, sie wünscht sogar von ganzem Herzen diese Zeremonie.«

Die krebskranke Mutter von Jacques Fesch findet gleichfalls zu einem innigen Glauben, sie betet für ihren Sohn, ist sogar bereit, ihr Leben für seines hinzugeben, damit er einen guten Tod stirbt, und als sie ein Jahr vor dem Tod ihres Sohnes stirbt, ist es ein christliches Sterben. Eine Schwester von Jacques bekehrt sich. Der Vater, der ihn wöchentlich besucht, gibt sich zwar nach wie vor als der atheistische Verweigerer, aber sein Sohn hofft weiterhin auch für ihn, wie für die ganze Familie, die, was nicht zu übersehen ist, sich Schritt für Schritt zu wandeln beginnt. Jacques Schwiegermutter schließlich, mit der er viele vertrauliche Briefe wechselt, versöhnt sich mit der Kirche.

Das Kreuz

Es ist die Fruchtbarkeit des Kreuzes. »Das ganze Leben«, so Fesch in einem Brief an seine Schwiegermutter zwei Monate vor der Hinrichtung, »dreht sich um dieses Stück Holz.« Die lange Haftzeit hat ihn dahin gebracht einzusehen, daß die Rebellion gegen das Kreuz oder das Suchen nach Abkürzungen und Schleichwegen, die allesamt dem Kreuz auszuweichen versuchen, in die Verzweiflung führt. »Du versuchst, dem Leid, das dich verfolgt und quält, zu entfliehen, und hältst Ausschau nach einem Ausweg, der nur noch in der Ablehnung des Kreuzes besteht. Es gibt keinen Frieden und keine Hoffnung auf Heil außer in Christus, dem Gekreuzigten. Glücklich, wer das begreift.« Wie so viele andere vor ihm gelangt er unter Schmerzen und Kämpfen zu der befreienden Wahrheit: »Nur im Kreuz ist Heil.«

Und dieses Kreuz läßt ihn nicht mehr los. Hier findet er die Freude und den Frieden, den Frieden, den die Welt nicht geben kann. Die Verheißungen Christi, gegeben an seine Jünger und für jeden einsehbar in den Evangelien, bewahrheiten sich an ihm, der stolpernd diesem Christus, dem Gekreuzigten, nachzufolgen sucht. Der geschenkte Friede ist so groß, daß er seinem Pfarrer, der ihn die vielen Monate, die er im Gefängnis zubringt, geistlich begleitete, der ihm einmal wöchentlich die heilige Kommunion spendete, der für ihn betete und für ihn da war, daß nun er, Jacques, seinem geistlichen Vater zum Abschied den Frieden zuspricht: »Der Friede möge mit Ihnen sein, Herr Pfarrer, und das ewige Licht möge eines nicht fernen Tages auch Ihnen leuchten.« Diesen Brief unterzeichnet er mit den Worten: »Ihr demütiges und dankbares Kind.«

Und das Kreuz hat Jacques Fesch im Blick bis zuletzt. So schreibt er kurz vor seinem Tod: »Ich warte und warte. Nacht ist um mich und Friede. Meine Augen sind auf das Kreuz geheftet, und meine Blicke hängen an den Wunden meines Erlösers.« Bevor das Fallbeil fällt, küßt er lange das Kreuz und bittet dann ein letztes Mal um Vergebung.

Das Ganze

Alles ist Gnade. Ja. Aber auch dieses jubelnde Glaubensbekenntnis hat seine Implikationen und Voraussetzungen. Denn die Gnade, soll sie nicht leichtfertig für Alles und Jedes reklamiert werden, erfordert den Blick, der sich der Gnade öffnet. Betend, schreibend, nachdenkend wird Jacques Fesch, der sich mehr und mehr als geringes

Glied in den Schoß der Kirche einfügen läßt, seine Aufgabe enthüllt: Sühne zu leisten: »Daß Gott doch mein Blut, das bald fließen wird, als ein einziges Opfer annähme! Daß mit jedem Tropfen meines Blutes eine Todsünde getilgt werde.« Die kleine Thérèse begleitet ihn auf diesem Weg der Sühne als geistliche Schwester. Sie hilft ihm, den kleinen Weg ganz zu gehen.

Es wäre freilich zu einfach, zu sagen, es gibt den Jacques von früher und den Jacques von später. Genau diese Trennung, die ihn als Person zerreißt, ist ihm unerträglich, da im Tiefsten unwahr. Es gibt, und das ist wahr, den verkehrten Jacques und den bekehrten Jacques, den Verirrten und den Wiedergefundenen, aber es ist stets derselbe Jacques, keine zwei Jacques. Wer die Aufzeichnungen von Jacques Fesch liest, den wird aller Wahrscheinlichkeit nach die Insistenz verstören, mit der der Angeklagte auf der Einheit seiner Person besteht, etwa wenn er seiner Tochter schreibt, daß sie verstehen möge, daß es keine zwei gab, sondern nur den einen und einzigen Jacques Fesch, der im Grunde, ohne sich Rechenschaft darüber abzulegen, auf der Suche war nach dem, was er schließlich in der Haft fand.

Das Verstörende solcher Bekenntnisse mag das Moment sein, daß man in dieser Hartnäckigkeit, die auf dem Zusammengeschweißtsein des Disparaten besteht, die Reue vermißt, so als müßte die Reue gerade den Spalt des Früher und Nachher dokumentieren, ja festschreiben, so als sei Reue nur dann eine gültige, wenn sie sich von dem früheren vergifteten Leben nicht nur lossagt, sondern es letztlich abrogiert, so als sei es nie gewesen.

Aber diesen bürgerlichen Gefallen tut uns Fesch nicht. Hier, denn es geht um sein einmaliges, nicht austauschbares Leben, ist Fesch unerbittlich. Und derjenige, der sich dieser Unerbittlichkeit stellt, beginnt von den Aufzeichnungen getroffen zu werden in Tiefen, die zur Wehr reizen. Denn jetzt kommt ins Blickfeld die Frage nach der Schuld der Anderen. Inwiefern ist das Leben von Fesch, und das heißt auch die Schuld von Fesch, mitbedingt von den Anderen. Fesch, in seiner Selbsterforschung, ist schonungslos. Die Anderen werden nicht, wie es modische, sozialkritische Allüre behauptet, zu den eigentlichen Tätern stilisiert, wohl aber wird ihnen ihr Versagen nicht vorenthalten. Und der Jacques, der schließlich ein Verbrechen begeht, ist derselbe Jacques, der jahrelang ein Zuhause erlebt, welches nur ein sogenanntes Zuhause ist, und eine Welt, die dem Heranwachsenden grausam zeigt, wie sehr sie aus den Fugen geraten ist, auch wenn die bürgerlichen Manieren und der bürgerliche Salon Wohlanständigkeit simulieren.

Und wenn wir Feschs geistliche Durchdringung recht verstehen, so muß es für ihn mit zum Schweren gehört haben, in seiner Zeit der Haft sich in aller Redlichkeit seiner *ganzen* Geschichte zu stellen, dem Vorher und dem Nachher, um so – im schmerzlichen Verständnis für das versagende, blutleere Vorher – schließlich zu der Haltung der Sühne zu finden. Denn die Sühne des Verurteilten ist keine private, sondern stellt sich in den Raum der Kirche, in das Faktum des mystischen Leibes Christi, und in diesem Leib gibt es keine Vereinzelung, sondern der Vater, die Mutter, Pierrette, Veronique, der getötete Polizist, letztlich alle, gehören zusammen – in der Verflechtung der Schuld wie in der Einheit der Gnade. Und das Blut der Sühne, welches im letzten Gang zur Hinrichtung fließt, wird derart, in der Aufgipfelung des mystischen Verständnisses der Zusammengehörigkeit, zum Opfer, welches im christlichen Sinne stets den ganzen Menschen fordert und so, in der Ganzhingabe, den gestörten Blutkreislauf zu beleben vermag, indem nun das Eigene weder isoliert, noch festgehalten, noch überdramatisiert wird, sondern in aller Selbstannahme wie Zurücknahme den Anderen geschenkt wird.

Und vielleicht kommt man nur im Bedenken der Sühne und des Opfers dahin, das Licht in der Todeszelle wahrzunehmen. In Frankreich jedenfalls erschien das erste Buch zu Fesch, welches Aufzeichnungen von ihm einer größeren Öffentlichkeit zugänglich machte, unter dem bezeichnenden Titel: *Lumière sur l'échafaud* – Licht auf dem Schafott. Und Jacques Fesch selbst notiert am 22. September 1957, acht Tage vor seinem Tod, und im vollen Wissen darum, daß sein Leib in wenigen Tagen Kälte und Staub sein wird: »Ich werde einen weitaus schöneren Leib haben, gänzlich im Licht ...«

Die Auferstehung

Mehrmals gibt Jesus dem zum Tode Verurteilten zu verstehen, daß er ihn sogleich nach dem Tode zu sich nehmen wird, ins Paradies. Dieses Versprechen des Herrn trägt ihn. »Ich erwarte die Liebe«, so er. »In fünf Stunden werde ich Jesus sehen.« Dieses Wort gehört zu den letzten Worten Jacques Feschs.

Wer mehr wissen will

Fesch, Jacques, Du nimmst mich an. Briefe aus der Todeszelle, Freiburg 1974.

Ders., Dans 5 heures je verrai Jésus. Journal de prison, présenté par Daniel-Ange, Sarment Editions du Jubilé 2014.

Ders., Œuvres complètes, Paris 2015.

Lemonnier, Augustin-Michel (Hg.), Lumière sur l'échafaud. Suivi de Cellule 18. Lettres de prison de Jacques Fesch, guillotiné le 1er octobre 1957 à 27 ans, Paris 2007.

Homepage der Vereinigung der Freunde von Jacques Fesch: http:/ /amisdejacquesfesch.fr

8. November 1897   † 29. November 1980

Was passiert, wenn man das Leben verneint? Wenn die Verzweiflung und die Panik und das In-die-Enge-Getriebensein so groß sind, daß der Tod die einzige Alternative zu sein scheint? Gibt es ein Leben nach der Verneinung? Gar ein heiligmäßiges Leben? Die Antwort ist ebenso klar wie eindeutig: Ja, wenn der Sünder in sich geht und die beiden Worte spricht, die im wahren Wortsinn notwendig sind: Ich bereue. *»Ihr Leben ist ein Vorbild für alle Menschen des 3. Jahrtausends, zumal aber für Frauen, die abgetrieben haben oder eine Abtreibung in Erwägung ziehen«, so Kardinal John O'Connor im März des Jahres 2000, als er offiziell die Approbation des Heiligen Stuhles bekanntgibt, den Kanonisationsprozeß für die ›Dienerin Gottes‹ Dorothy Day zu eröffnen. Dorothy Day: Eine Heilige für heute.*

X. Dorothy Day

Das Leben

Aɴᴅᴇʀꜱ ᴀʟꜱ ɪɴ Eᴜʀᴏᴩᴀ, ist Dorothy Day in den Vereinigten Staaten eine in der Öffentlichkeit weithin bekannte Persönlichkeit. Als sie dreiundachtzigjährig 1980 stirbt, wird sie von vielen als Inbild einer modernen Heiligen betrachtet. Dabei ist Day zeitlebens kein Mensch, der es den Mitmenschen bequem macht. »Nennt mich nicht eine Heilige«, trat sie Lobhudeleien zu ihren Lebzeiten entgegen, »so einfach laß ich mich nicht ablegen.« Sie forderte heraus, sie benannte gesellschaftliche Mißstände und nahm in Kauf, für ihre unerschrockene Solidarität mit den Armen mißverstanden und attackiert zu werden oder Schikanen zu erleiden. Siebenmal wird sie inhaftiert, zuletzt im Alter von 73, als sie an einer verbotenen Streikpostenkette teilnimmt.

Dorothy Day: Das ist ein Synonym für evangelische Radikalität inmitten der Großstadt. Schon in der Zeit vor ihrer eigentlichen Bekehrung ist Day eine leidenschaftliche junge Frau auf der Suche nach sozialer Gerechtigkeit. Nach dem Abbruch ihres Studiums 1916 läßt sie sich in New York bei der damals einzigen sozialistischen Tageszeitung anstellen. Andere journalistische Anstellungen folgen in den nächsten Jahren. Sie berichtet über Demonstrationen, Arbeiterversammlungen, Kundgebungen. Weil sie sich 1917 vor dem Weißen Haus an einer Demonstration für das Frauenwahlrecht beteiligt, muß sie zum ersten Mal wegen zivilen Ungehorsams ins Gefängnis.

Die Tragödie

All die Jahre der Suche sind dabei gleichsam unauffällig grundiert von einem spirituellen Hunger. Das Katholische, das sie bisweilen in frommen Andachten oder bei nahestehenden Freundinnen erlebt, zieht sie an. Sie weiß intuitiv, daß Gottesdienst und Anbetung die erhabenen Handlungen sind, die den Menschen auszeichnen. Doch bis dahin, daß sie sich endlich am 28. Dezember 1927, dem in der katholischen Kirche begangenen liturgischen *Gedächtnis der Unschuldigen Kinder,* taufen läßt und so in die katholische Kirche eintritt, ist ihr geistlicher Weg von vielen Kämpfen und Zerrissenheiten geprägt. Nicht zuletzt zerbricht an ihrem Eintritt in die Kirche ihre vierjährige Beziehung zu dem geliebten Mann, mit dem sie ein gemeinsames Kind hat, da dieser ihrer religiösen Sinnsuche und endlichen Verankerung in der katholischen Kirche nichts abgewinnen kann.

Jahre zuvor bereits ist Day ein erstes Mal schwanger, »das Resultat einer Affaire mit einem Journalisten. Daraus«, so einer ihrer Biographen, »erwuchs die große Tragödie ihres Lebens, eine Abtreibung.«

In einer Novelle, »Die elfte Jungfrau«, versucht sie, die Tragödie zu verarbeiten. Darin heißt es: »Ich humpelte den verdunkelten Treppenschacht der Wohnung an der Upper East Side in New York hinunter. Meine Schritte waren unschlüssig, schwankend. Mein linker Arm hielt sich krampfhaft am Treppengeländer fest. Mein rechter Arm umklammerte meinen Unterleib; er brannte vor Schmerz. Ich schritt nach draußen, auf die Straße, allein im Dunkel. Es war im September 1919. Ich war 21 Jahre alt und hatte soeben mein Baby abgetrieben. Lionel, mein Freund, hatte versprochen, mich bei der Adresse abzuholen, wenn alles vorüber sei. Von neun bis zehn Uhr abends wartete ich, schmerzerfüllt, aber er tauchte nie auf. Als ich zu seinem Appartement kam, fand ich dort lediglich einen Zettel. Er teilte mit, er sei wegen eines neuen Jobs abgefahren, und was meine Abtreibung betraf, sagte er, daß ich ›weiß Gott nur eine von wie vielen Millionen Frauen sei, die dasselbe durchgemacht hätten. Mach dir keine Hoffnungen. Wirklich, das Beste ist, wenn du mich vergißt …‹«.

Sie wird später, als sie berühmt ist, in der Öffentlichkeit nie über ihre Abtreibung sprechen, die sie täglich bereut. Forest, einer ihrer Biographen, merkt an: »Es gab nichts in ihrer eigenen Vergangenheit, was ihr mehr Entsetzen einflößte, als die Abtreibung. Die Erinnerung daran war für sie so schmerzvoll, daß in ihren späteren, katholischen Schriften das Ereignis lediglich in vagen Andeutungen aufschien. Es gab in ihrem Leben sogar eine Zeit, wo sie versuchte, so viele Ausgaben wie nur irgend möglich von *Die elfte Jungfrau* aufzustöbern und zu vernichten.«

Das Licht

Die kommenden Jahre, eine Periode der Einsamkeit (»Nach meiner Konversion verlor ich nach und nach alle meine Freunde«), vertiefen in einem schmerzlichen Prozeß der Loslösung ihre Berufung. Das klärende Licht wird ihr 1932 geschenkt. Sie ist unterwegs in Washington, D. C., um als Redakteurin über einen Hungermarsch zu berichten. Sie hält sich abseits, beobachtet, denn als Katholikin will sie nicht teilnehmen an einer Veranstaltung, die von Kommunisten, und das heißt von einer Partei, die die Kirche bekämpft, organisiert ist. Doch läßt sie die Veranstaltung nicht unberührt.

Sie geht schließlich – es ist der 8. Dezember 1932 und folglich der Tag des *Hochfestes der Unbefleckten Empfängnis* – zur Kathedrale des Heiligtums der Unbefleckten Empfängnis in der Stadt »und sandte, unter Tränen und in Seelenqualen, ein besonderes Gebet zu Gott, er möge mir irgendeinen Weg zeigen, auf dem ich die Gaben, die mir verliehen waren, für meine Mitbrüder – die Arbeiter und die Armen – nutzbar machen könnte.«

Zurückgekehrt nach New York, trifft sie bei ihrer Wohnung Peter Maurin. Diese Begegnung wird wegweisend. Denn gemeinsam mit ihm starten in den nächsten Jahren und Jahrzehnten die Projekte, die Day bekannt machen: Die Gründung einer Zeitschrift, *Der katholische Arbeiter (The Catholic Worker)*, die sich alsbald zu einer nationalen Bewegung, der *Katholischen Arbeiterbewegung (Catholic Worker Movement)*, entwickelt; die Gründung von sogenannten Gästehäusern (*Houses of Hospitality*), in denen Obdachlose, Arme, Hungernde gemäß den evangelischen Werken der Barmherzigkeit (Mt 25,35 ff) Aufnahme finden; der unermüdliche, aktive Einsatz für Frieden, soziale Gerechtigkeit sowie Menschen- und Bürgerrechte. Auf der sozialen Leiter will sie dabei ganz unten stehen, eins mit den Armen, und wenn ein wirtschaftlicher Zusammenbruch käme, so sie, würde sie nicht tiefer fallen können, denn sie sei bereits unten.

Vielleicht sagt weniges mehr aus über die Wertschätzung, die Dorothy Day gebührt, als eine Geste, die Mutter Teresa ihr gegenüber tut: Das Kreuz, das die Profeßschwestern der *Missionaries of Charity* tragen, heftet die Selige aus Kalkutta, als sie Dorothy Day in New York besucht, dieser ans Kleid.

Und auch dies verbindet die beiden großen Frauen: Mutter Teresa wie Dorothy Day sehen in Thérèse vom Kinde Jesu, der Heiligen aus Lisieux, ihre geistliche Lehrmeisterin. Deren geistliches Testament, besser bekannt unter dem Namen *der kleine Weg,* wird für Day spirituelle Richtschnur. Denn dieser kleine Weg der Heiligen im verborgenen Karmel in Lisieux gilt ihr, der New Yorker Großstädterin, als die Realisierung des Evangeliums für heute. Und daß in diesem Heute die Abtreibung ein schmerzliches Faktum ist, hat Day am eigenen Leibe erfahren und wird niemand, selbst wenn er diese Todeserfahrung nicht erlebt hat, leugnen wollen, vorausgesetzt, er geht offenen Auges durch die Jetztzeit.

Das Heute

Die Kirche, die heute Seelsorge betreibt und glaubwürdig sein will, kann folglich – so ist gerade im Hinblick auf Dorothy Day wahrzunehmen –, nicht an einem Phänomen vorübergehen, daß zu einem Massenphänomen geworden ist, das millionenfache Opfer produziert. Dieses Engagement der Kirche – im Sinne des kleinen Weges, der sich, durchaus in der Bahn der Tradition, für die übersehenen (im modernen Jargon: für die tabuisierten) Kleinen stark macht, die, im Verständnis von Day, die

Ambassadors of God sind – wird, auch das kann man von Dorothy Day lernen, nicht allseits applaudiert werden.

Allein die Tatsache, daß Day, nach ihrer Bekehrung, Abtreibung zutiefst bereute und folglich aus ihrer Verurteilung der Abtreibung, wenn sich diesbezüglch ein Gespräch ergab, keinen Hehl machte, trug ihr die Ablehnung von feministischen Gruppen ein, welche das politisch reklamierte Abtreibungsrecht gefährdet sahen. Aber Dorothy Day machte keine Kompromisse. Forest nennt sie eine »Heilige und Unruhestifterin« (»saint and troublemaker«). Doch die Unruhe der Dienerin Gottes war nicht Fortsetzung der einstmals kultivierten *vie de bohème,* sondern erwuchs angesichts der menschlichen Misere, auf die es zu antworten galt im Sinne des Evangeliums: »Was ihr für einen meiner geringsten Brüder getan habt, das habt ihr mir getan.«

Indem die Kirche diese Unruhestifterin zur Ehre der Altäre zu erheben gedenkt, gibt sie ein prophetisches Zeichen. In den Worten Kardinal *O'Connors:* »Die Bekehrung des Denkens und des Herzens, die Dorothy Day vorbildlich lebte, spricht in zweierlei Hinsicht Bände zu all den Frauen von heute. Zum einen zeigt sie das Erbarmen Gottes, das Erbarmen hinsichtlich einer Frau, die eine derart schwere Sünde begangen hatte, und eben aufgrund ihrer Bekehrung eine solche Einheit mit Gott zu finden vermochte. Zum zweiten zeigt sie, daß Wandlung möglich ist: weg vom äußersten Akt der Gewalt gegen ein unschuldiges Leben im Schoße der Mutter hin zu einer Gesinnung gänzlicher Heiligkeit und Friedfertigkeit. Kurz gesagt, ich stehe dafür ein, daß ihre Abtreibung ihren Seligsprechungsprozeß nicht ausschließen, sondern intensivieren sollte.«

Die moderne Lüge, daß Abtreibung harmlos sei, wird von ungezählten Frauen (und Männern), die durch eine Abtreibung hindurch gegangen sind, widerlegt. Dorothy Day ist eine von ihnen, weswegen Kardinal John O'Connor, in einer Homilie aus dem Jahre 1997, sich wünschte, daß jede Frau, die jemals an einer Abtreibung litt, die Bekanntschaft mit Dorothy Day mache. Denn an Day zeigt sich das ganze Elend, aber auch das ganze Heil. An ihr zeigt sich das, was dem Abtreibungsopfer oft als unmöglich erscheint: daß nämlich selbst nach der tödlichen Abtreibung der Schritt in ein neues Leben möglich ist. Die im säkularen Diskurs tabuisierte Abtreibung sowie die folgerichtig tabuisierten Abtreibungsfolgen machen aus der Abtreibung insgesamt eine Art letztes Wort. Sie ist nicht nur nicht widerrufbar, sie ist auch unbereubar, denn, so der moderne Vorentscheid, an einem Recht gibt es nichts zu bereuen. An diesem Verdikt, das Abtreibung zu einem Ereignis stilisiert, das sakrosankt ist, scheitern, wie Zeugnisse zeigen, immer wieder die Opfer der Abtreibung. Dorothy Day, selbst Abtreibungsopfer, erweist die Wirklichkeit des Unmöglichen, das heißt die Wirklichkeit der Gnade. Die Gnade, so erfährt sie, will nicht den Tod des Sünders, sondern daß er umkehrt und lebt.

Und Day ist ein Zeichen dieser Gnade wie auch der Antwort auf die Gnade, denn »du selbst«, so ihre Überzeugung, »mußt die Werke der Gnade tun«.

Die »wunderschöne Tochter«

Ihr Weg der Nachfolge ist kämpferisch und kleiner Weg zugleich. Als sie nach ihrer Abtreibung lange an der

Angst leidet, von Gott für immer durch Unfruchtbarkeit für ihre Sünde gestraft zu sein, und als sie dann, erneut schwanger geworden, befürchtet, eine Art Monster zu gebären, weil Gott sie auf jeden Fall bestrafen müsse, wird sie von den tatsächlichen Ereignissen überwältigt. Das kleine Neugeborene, Tamar Teresa, erzeugt in ihr eine überströmende Freude, sie ist »wie betäubt von meinem großen Glück«. Und zugleich weiß sie um das Unausweichliche: »Der physische, der fast tödliche Kampf der Geburt eines Kindes lag hinter mir. Was nun kam, war der Kampf um meine eigene Seele. Tamar würde getauft werden, und ich war mir völlig klar über den Rückschlag, den dieser Akt auf meine menschlichen Beziehungen haben würde.« Der geistliche Kampf um die eigene Seele schließt das Leiden nicht aus, sondern ein. »Es existiert im Deutschen ein Wort, für das es keine gute englische Übersetzung gibt: ›durchleiden‹. Es bedeutet: erleben und durch das Leiden etwas erfahren. Etwas mit seinem ganzen Wesen durchleiden, und nicht etwa ›herauskriegen‹.« Genau dieses Durchleiden, so der Psychiater *Karl Stern,* ist von Dorothy Day zu lernen.

Anders gesagt: Days Antwort ist die Aktualisierung des *sentire cum Ecclesia* in der Moderne. Die Konversion ins Leben hinein, die sie nach der Geburt ihrer Tochter einen überschwänglichen Artikel über ihr Kind und über Mutterschaft schreiben läßt, der »in den Arbeiterzeitungen der ganzen Welt abgedruckt wurde«, geht für Day ineins mit dem Eintritt in die katholische Kirche. Ihr Kind läßt sie taufen, sie selbst vollzieht den Schritt zur heiligen Taufe wenig später, im vollen Bewußtsein dessen, daß dieser Schritt sie den Verlust ihres damaligen

Partners kosten wird. Geburt, neues Leben, Anbetung im geschützten Raum der Kirche gehören zusammen: »Niemand konnte so von Liebe und Freude überflutet werden wie ich nach der Geburt meiner Tochter. Zu gleicher Zeit fühlte ich das starke Bedürfnis, anzubeten und zu danken.«

Die Frage

Während die katholische Kirche in der Abtreibungsdiskussion von den Befürwortern der Abtreibung (vorsätzlich) als die lebensfeindliche Instanz gezeichnet wird, die durch ihr Nein zur Abtreibung die Frauen bevormunde, diskriminiere und drangsaliere, findet Day in der Kirche den existentiellen Anker für ihr Leben, weil in deren Mitte der »Urheber des Lebens« (Apg 3,15) wirkt. Sie geht täglich zur heiligen Messe und wöchentlich zum Sakrament der Beichte; Bibel, Brevier und Meßbuch gehören zu den unverzichtbaren *Lebensmitteln* auf ihren ungezählten Reisen, und als sie, von Krankheit gezeichnet, das Reisen einstellen muß und schließlich auch den Weg zur Kirche nicht mehr zurücklegen kann, wird ihr die heilige Kommunion in ihr Heim gebracht.

Days prophetische Kraft, von der Kirche mittlerweile offiziell anerkannt, ist zweifelsohne Kraft für heute. Und weil Day die Wahrheit des Evangeliums und die Liebe zur katholischen Kirche gänzlich unprätentiös und mit letztem Einsatz vorgelebt und das je Jetzt der christlichen Nachfolge unter dem »Primat des Spirituellen« betont hat, weil für Day »die heilige Kirche die Kirche der Armen« ist, in deren Gemeinschaft sie lebte, eben deshalb

ergeht ihre unruhig machende Frage, die sie im vergangenen Jahrhundert angesichts des sozialen Elends der Mas-
sen stellte, heute neu an die Kirche angesichts des seeli-
schen Desasters der Abtreibungsfolgen bei den ungezählten zweiten Opfern der Abtreibung, den »Armen« der
Jetztzeit: »Aber wo waren die Katholiken (…), die sich
an die Spitze der Scharen von Männern und Frauen stellen würden, um die aktuellen Werke der Barmherzigkeit
zu üben?«

Wer mehr wissen will

Day, Dorothy, Ich konnte nicht vorüber. Ein Lebensbericht, Freiburg 1957.

dies., The Duty of Delight. The Diaries of Dorothy Day, edited by
Robert Ellsberg, Marquette University 2011.

Forest, Jim, All is grace. A biography of Dorothy Day, Maryknoll/
New York 2011.

»Ihr seid also jetzt nicht mehr Fremde ohne Bürgerrecht, sondern Mitbürger der Heiligen und Hausgenossen Gottes. Ihr seid auf das Fundament der Apostel und Propheten gebaut; der Schluß- stein ist Christus Jesus selbst. Durch ihn wird der ganze Bau zusammengehalten und wächst zu einem heiligen Tempel im Herrn. Durch ihn werdet auch ihr im Geist zu einer Wohnung Gottes erbaut.« *(Eph 2,19 f)*

Epilog

Der Starez

IN DER MITTE MEINES LEBENSWEGES beschloß ich, das Kloster in H. aufzusuchen. Der dortige Prior war einst ein Studienkollege von mir gewesen, ein Aufenthalt, so dachte ich mir, würde sicherlich ohne große Schwierigkeiten zu bewerkstelligen sein. Ich schrieb daher, als mein Entschluß feststand, einen Brief an Frater Clemens, so der Ordensname des damaligen Studienkollegen, und ersuchte um einen vierwöchigen Aufenthalt im Kloster. Den Zeitpunkt des Aufenthaltes hatte ich ihm gleichfalls mitgeteilt. Bereits drei oder vier Tage später kam die Antwort. Auf einer Postkarte, deren Vorderseite *Der Sämann* Vincent van Goghs zierte, schrieb der Prior, ich könne kommen, der angegebene Zeitpunkt sei recht, das Zimmer stehe bereit, Jesus Christus sei derselbe gestern, heute und in Ewigkeit.

An meiner bisherigen Arbeitsstelle hatte ich schon Wochen zuvor gekündigt. Ich wußte, daß mein Lebensweg an einem Scheidepunkt stand, aber ich wußte nicht, wie der Weg weitergehen würde. Es gab mehrere Möglichkeiten, ich hatte sie immer wieder in meinem Kopf abgeschritten, soweit dies in diesem Stadium überhaupt möglich war, immer auch die Frage, ob ich ein geistliches Amt, den Priesterberuf, ergreifen sollte. Doch alle

Wege endeten in meinen Überlegungen irgendwann an einer Mauer oder in der Finsternis oder in einer Undurchdringlichkeit, die ich von mir aus nicht hatte überwinden können, so daß es müßig gewesen war, auf diese Art und Weise weiterhin nachzudenken oder nachzugrübeln, zumal dieses Nachdenken und Nachgrübeln nicht nur unfruchtbar wurde, sondern auch quälend und also genaugenommen lähmend.

Ein älterer Freund von mir, der übrigens gleichfalls besagten Prior seit langen Jahren kannte und dies auch von gemeinsam verbrachten universitären Jahren, hatte mir (ich erinnere mich genau) das Kloster in H. empfohlen. Ich sehe uns noch in der Stadt stehen, vor dem Dom der Stadt, eines frühen Nachmittags im Dezember, während wir, die wir uns zufällig begegnet waren, kurz miteinander sprachen, in welchem Gespräch ich in geraffter Schilderung die Situation und den Zustand ihm geschildert hatte, in der ich mich befand, die Ausweglosigkeit, in der ich mich befand, das Nichtmehrweiter, in dem ich mich befand, als er in diese Ausweglosigkeit hinein mir das Kloster in H. empfahl. Ich hatte tatsächlich auf der Stelle gewußt, daß dieser Ratschlag *von oben* kam, ohne jeden Zweifel, und als wir uns getrennt hatten, dort, auf dem großen Platz vor dem Dom in T., hatte ich bereits überlegt, wie ich in der plötzlich neu eröffneten Lage weiter voranschreiten sollte. Am selben Abend noch hatte ich den Brief an den Prior aufgesetzt, den ich, nach einer nächtlichen Bedenkzeit, anderntags abschickte.

Dann war alles sehr schnell gegangen. Ich kannte diese Schnelligkeit aus meinem Leben sehr gut. Es mochte sein, daß lange, sehr lange Inkubationszeiten in meinem Leben wirksam waren, gerade dann, wenn ein Knoten zu lösen war, so auch jetzt. Dem plötzlichen Brief an den Prior waren Wochen und Monate einer ununterbrochenen Suche vorausgegangen, und diese Feststellung ist keine Übertreibung. Ich hatte die Tage und die Nächte den immerselben Gedanken hin- und herbewegt, die Frage nämlich, was meine Aufgabe sei, was der Sinn meines Lebens. Wozu lebte ich überhaupt, wenn mir der tiefe Sinn meines Lebens verborgen war, wiewohl mich die Frage nach diesem Sinn nicht in Ruhe ließ. Ich wußte, daß dieser vexierende Schwebezustand kein perennierender sein konnte, ansonsten würde ich schwer krank werden, wenn ich nicht bereits in der Gefahr stand, in die Krankheit unmerklich abzugleiten.

Als der Tag meines Aufbruchs kam, ein Sonnabend, war ich in aller Herrgottsfrühe, wie man sagt, aus dem Haus und hatte mich zu Fuß in das eine Tagesstrecke entfernt gelegene Kloster in H. aufgemacht. Ich war ungeübt im Wandern. Ich hatte keine Karte mitgenommen, ich ging davon aus, daß mir die Markierungen an den Bäumen den Weg genau anzeigen würden. Der Aufbruch, so wurde mir später bewußt, war auch der Versuch der Einübung in das Vertrauen gewesen. Tags zuvor war ich per Auto auf das Klostergelände gefahren und hatte dort die notwendige Kleidung für die kommende Zeit deponiert. Dann war ich mit Bus wieder zurück in die Stadt. Auf meiner Wanderung, hauptsächlich durch Waldstücke, hatte ich lediglich einen Rucksack mitgenommen. Ich wollte keine Steine auf dem Rücken, ich wollte endlich in die Freiheit.

Es begann früh zu dämmern. Es war später Nachmittag, als ich feststellte, daß ich den Weg verloren hatte. Ich war im tiefen Wald, es war Winter, bald würde die

Nacht einfallen, aber ich wußte nicht, in welcher Richtung das Kloster zu suchen war. Merkwürdigerweise
stellte sich keine Angst ein, oder vielmehr die Angst, die
kurz da war, verschwand wieder, so wie sie gekommen
war. Ich ging einfach weiter. Dann, und ich weiß nicht
mehr, wie lange es gedauert hatte, dieses Gehen in die
Dunkelheit und das Unbekannte hinein, sah ich erneut
an einer hochaufragenden Tanne die blauweiße Markierung, meinen Weg. Und wenig später, es war sechs
Uhr am Abend, hörte ich, verschwebend und rufend zugleich, die Glocken des Klosters (es *müssen* die Glocken
des Klosters sein, dachte ich) und wußte, ich würde bald
dort sein.

Ich hatte dem Prior geschrieben, ich sei zum Nachtmahl da. Tatsächlich traf ich zum angegebenen Zeitpunkt im Kloster ein. Das Nachtmahl war gerichtet.
Der Prior zeigte mir das Gästezimmer. Wir wechselten
ein paar Worte. Alles geschah in Selbstverständlichkeit.
Ich war angekommen. Der nächste Tag war der Sonntag. Am Montag würde ich meine Exerzitien beginnen.
Der Prior wußte, daß ich mich ab diesem Tag in das
Schweigen zurückziehen würde, und das hieß, ich würde wirklich schweigen, nicht nur während der Mahlzeiten, sondern den ganzen Tag über. Ich wollte, so ich zu
ihm, keine Worte wechseln auf dem Flur oder so eben
zwischenhin, ich wollte *wirklich schweigen,* so ich immer
wieder zu ihm, *wirklich schweigen,* um die Stimme zu
hören, auf die es ankäme.

Am Sonntag tat mir alles weh. Es hatte bereits in der
Nacht begonnen. Meine an große Wanderungen und
überhaupt an körperliche Anstrengungen ungewohnten
Muskeln und Gelenke schmerzten bei jeder Bewegung.

In der Nacht hatte ich vor zunehmenden Schmerzen nur
wenig schlafen können. Es schien, als sei mein Körper in
einer ununterbrochenen Exzitation und Aufregung. In
der Konventsmesse hatte ich Schmerzen, bei den Mahlzeiten im Refektorium hatte ich Schmerzen, auf meinem Zimmer hatte ich Schmerzen, und es war abzuse-
hen, daß diese Schmerzen anhalten würden, so daß ich
anderntags in Schmerzen meine geistlichen Übungen beginnen würde. Und so war es. Alles begann in Schmerzen. Aber darüber zu berichten, ist hier nicht der Ort.
Und auch nicht darüber, was genau in diesen vier Wochen im Kloster in H. in meiner Seele vor sich ging. Es
gibt das Geheimnis des Königs, und dies gilt es zu wahren. Nicht dies ist hier zu berichten, sondern ein anderes
Ereignis, das zu diesen Tagen dazugehörte und mir endgültig die Augen öffnete.

Während des vierwöchigen Aufenthalts hatte ich an
allen Gebetszeiten der Mönche, außer der Matutin, teil-
genommen. Als besonderes Entgegenkommen war mir
während der mittäglichen Hore ein Platz im Chorgestühl, freilich in gebotenem Abstand von den Professen,
eingeräumt worden, von wo ich die Gesänge und Gebete der Mönche mitfeierte. Es ergab sich von selbst,
daß meine Aufmerksamkeit immer wieder zu einem der
Mönche hingezogen wurde, der mir schräg gegenüber
seinen Platz innehatte. Während dieser Mönch, welcher
der älteste des Konvents war und zu jeder Hore mühsam
auf einem Gehstock sich fortbewegend in das Winterora-
torium beziehungsweise am Abend zur Komplet in die
Klosterkirche kam, mich, so weit ich mich erinnere, nie
angeschaut hatte, hatte ich selbst immer wieder meinen

Blick auf diesen alten Mönch gerichtet, der mir, in meinem unbedarften Verständnis, als einziger von allen das zu verkörpern schien, was ich mir unter einem Mönch und einem Betenden bislang vorgestellt hatte. War es die strenge, leuchtende Sammlung, war es die Einfachheit und Gebrechlichkeit, war es die Unabgelenktheit seiner Gegenwart, war es der Abstand, der die Seele alles Schönen ist, wie eine frühverstorbene Philosophin sagt, oder war es das Unaussprechliche, das ihn auszeichnete und das keiner Worte bedurfte, nachdem er jahrzehntelang sich hatte meißeln lassen unter dem Hammer der Regel ... ich jedenfalls sah ihn an, während er mich nicht anschaute.

Ich habe später aus dem Munde des Priors erfahren, daß Pater Seraphim, so sein Name, seit über siebzig Jahren in diesem Kloster weilte. Er war, aus einer armen, frommen Bauersfamilie stammend, deren achtes Kind er war, siebzehnjährig als Novize eingetreten, damals mit einer Sondererlaubnis des zuständigen Bischofs, und war seitdem ununterbrochen an diesem Ort tätig gewesen, ohne einen einzigen Tag jemals bettlägerig gewesen zu sein. Er hatte unterschiedlichste Ämter im Kloster ausgeübt, war, über den unmittelbaren Bezirk des Klosters hinaus ein berühmter Beichtvater gewesen und hatte nach dem Krieg mehrere Schriften geistlicher Art verfaßt. Das Amt des Abtes, welches man ihm in den sechziger Jahren zugedacht hatte, hatte er nach sorgfältiger Prüfung nicht angenommen. Er hatte gewußt, daß sein Weg ein anderer war, nicht der des Klostervorstehers. Seine Oberen, denen er seine Entscheidung vorgetragen hatte, hatten die Besonderheit seiner Berufung zu guter Letzt wahrgenommen und schließlich zugestimmt, daß er, nach Jahrzehnten strengster Gemeinschaftsdisziplin, innerhalb der Klostermauern nun ein eremitäres Dasein beginnen durfte, was bis anhin im Kloster von H. nicht vorgekommen war. So hatte Pater Seraphim sich in die Zelle zurückgezogen und war im großen Schweigen verharrt. Erst wenige Jahre vor seinem Tod, auch dies wieder mit ausdrücklicher Genehmigung seiner Oberen, hatte sich die Zellentür des Paters geöffnet und der Eremit hatte Besucher empfangen, und jetzt Besucher sonder Zahl, denn die Menschen, auch ohne daß man sie in Kenntnis gesetzt hatte über die neuen Lebensumstände von Pater Seraphim, kamen nun in Scharen und wollten seinen Rat, seine Hilfe, seine Zurechtweisung, seine Führung, derart, daß er bald in diesem Landstrich nicht anders genannt wurde als *der Starez,* was zumindest eine außergewöhnliche Bezeichnung war, denn in dieser Gegend war das fremdländische Wort den Wenigsten vertraut. Gleichwohl machte dieses Wort unter dem gläubigen Volk, wenn die Rede auf Pater Seraphim kam, die Runde, so daß er nur mehr der Starez hieß, nämlich *Starez Seraphim.* Ich selbst hatte, schon bevor ich aufgebrochen war nach H., von dem Starez Flüchtiges vernommen, denn wie gesagt, sein Ansehen war im Umkreis und darüber hinaus beachtlich gewachsen, hatte jedoch, als ich schließlich ins Kloster zu den geistlichen Übungen mich auf den Weg machte, nicht im Sinn gehabt, mit Starez Seraphim in Kontakt zu treten. Zuviel beschäftigte mich mein Inneres, meine eigene Unruhe galt es zu besänftigen, ich dachte an Schweigen, an nichts als an Schweigen und an das erlösende WORT, für den Starez hatte es da keinen Platz gegeben.

Dann jedoch, als sich die Exerzitien dem Ende zu-
neigten, hatte sich, für mich selbst überraschend, mehr
und mehr der Wunsch in mir herausgebildet, mit Starez
Seraphim zu sprechen. Nachdem ich ihn tagelang und
wochenlang im Chorgestühl beobachtet hatte, so als sei
die Betrachtung seiner Gestalt keine Ablenkung oder
gar unstatthafte Neugier, sondern in der Tat unmittelbar
verwachsen mit meinen geistlichen Übungen, war eine
beginnende Sehnsucht schließlich zu dem tatsächlichen
Wunsch herangewachsen, *nach den Exerzitien,* wenn das
Schweigen aufgehoben sein würde und bevor ich das
Klostergelände verlassen würde, ein Gespräch, *das letzte
Gespräch,* wie ich es in meiner Vorstellung nannte, mit
dem Starez zu führen.

Ich hatte diesbezüglich am letzten Tag der geistlichen
Übungen dem Prior einen kurzen Brief geschrieben, des
Inhalts, daß ich morgen oder übermorgen, wenn meine
Exerzitien und also das radikale Schweigen beendet sei-
en, ich gerne vor meiner Abreise mit Starez Seraphim
zu sprechen wünschte, und ob es möglich sei, daß er,
der Prior, mir ein solches Gespräch vermitteln könnte.
Die Antwort des Priors, mir unter der Türe meines Zim-
mers durchgeschoben noch am Abend desselben Tages,
war eine kurze Bestätigung, er würde die Begegnung in
die Wege leiten und mir am anderen Tag den genauen
Gesprächszeitpunkt mitteilen. Eine stille und zur selben
Zeit überschwängliche Freude, die nichts von Ungezü-
geltheit an sich hatte, wohl aber von herrlicher Zuversicht, bemächtigte sich meiner beim Lesen der wenigen
Zeilen. Morgen, dachte ich, morgen.

Es war ein Montag, als ich aus den Exerzitien heraus-
kam. Eine strahlende Wintersonne stand am Himmel.

Ringsum lag das Land im Schnee, der glänzte. In meiner Seele war es licht, so licht wie das Land ringsum. Ich klopfte an der Türe des Priors, wie ausgemacht, um mich zu bedanken, um meine Schuldigkeit abzustatten und um den erbetenen Gesprächstermin zu erfahren. Der Prior erwartete mich bereits. Wir wechselten nur wenige Worte, wohl wissend, daß man nach geistlichen Übungen nicht mir nichts dir nichts zu den Alltagsgeschäften wechselt. Ich erledigte, was zu erledigen war. Daraufhin sagte mir der Prior, daß mein Gespräch mit Pater Seraphim (er sagte Pater Seraphim, nicht Starez Seraphim) leider nicht stattfinden könne, weil der Pater seit gestern Abend daniederläge. Der Arzt sei schon an seinem Bett gewesen und habe Medikamente, strenge Bettruhe und Schonung verschrieben, es sei eine Lungenentzündung zu befürchten. Ich fühlte Bedauern, ein plötzlicher stechender Schmerz war in mir, jedoch nicht deswegen, weil mir das Gespräch mit dem Pater versagt war, eher deswegen, weil ich den Pater, den ich so oft im Chorgestühl in aller Einfachheit gesehen hatte, nun mir ohnmächtig auf seinem Lager vorstellte, ihn, der es sich nicht hatte nehmen lassen, seinen Platz beim Gebet einzunehmen, wenn auch unter Mühsal und letzter Beschwer. Ich stammelte etwas der Art *selbstverständlich, das verstehe sich von selbst, ich würde für Pater Seraphim beten.* Den anderen Tag reiste ich ab.

Drei Wochen später erhielt ich als offizielles Schreiben vom Kloster in H. eine Parte zugeschickt. Darauf war der Heimgang von Pater Seraphim verzeichnet und, wie beim Verscheiden von Monialen üblich, sein kurzer geistlicher Lebenslauf. Was hätte ich sagen sollen? Ich hielt die Parte in Händen und las sie immer wieder. Ich sah den Pater. Der Wunsch, in seine Augen zu sehen, der Wunsch, von ihm und seinen reinen Augen angeschaut zu werden, war in einer brennenden Schärfe in all meinen Gliedern, ein Feuer, das mich versehrte. Aber jetzt war es zu spät. Ich hielt die Parte in meinen Händen. Pater Seraphim war im Kloster nicht mehr anzutreffen, sein Platz im Chorgestühl blieb nun leer. Und wie oft hatte ich ihn, bei der nächtlichen Komplet, die am frühen Abend in der Klosterkirche gesungen wurde, aus seinem Platz im Chor mühseligst heraustreten und zum Abt hin sich bewegen sehen, um, beim Abt angekommen, wiewohl bereits in gekrümmter Haltung, sich noch einmal tiefer zu beugen, um den Segen des Abtes für eine gnädige und ruhige Nacht zu empfangen.

Eine Woche später fuhr ich zur Beerdigung nach H. Der Tag war wie bei meiner Abreise aus H. Ein blauer, makelloser Himmel wölbte sich über dem Land. Es war kalt, sehr kalt. Die Kälte zog aus dem Boden in die Gelenke. Schnee bedeckte das Land, so weit das Auge reichte. Manchmal kam ein Windstoß, dann stäubten die Schneeflocken von den Ästen der Büsche und Bäume. Pater Seraphims Sarg wurde auf dem Klosterfriedhof hinabgelassen. Vier Männer hielten zwei schwere Taue und ließen den Sarg hinab. Der ganze Friedhof war voller Menschen, die sich selbst noch vor dem Friedhof drängten, um ihrem Starez das letzte Geleit zu geben. Wie oft hatte er sie gesegnet, wie oft zerrüttete Ehen geschlichtet, wie oft die Weisung gegeben, die leben ließ. Und während der Sarg hinabgelassen wurde, und dann später, während wir in langsamer Prozession zum Grab schritten, um dort ein Stück Erde mit einer kleinen, eisernen Schaufel auf den Sarg zu streuen, hörte ich in

mir den Gesang der Mönche zur Komplet, der mich so-
undsoviele Male während der Exerzitien, als ich einsam
in der eiskalten Klosterkirche gestanden war, getroffen
hatte: *Eia ergo, advocata nostra, illos tuos misericordes oculos …*

Ich ging nach draußen, machte mich auf den Nach-
hauseweg. Ich war schon auf dem Parkplatz angekommen, als ich hinter mir die Stimme des Priors vernahm.
Er hatte mich gesucht. Er gab mir einen Brief. Er sagte,
der Brief sei von Pater Seraphim, er habe ihn von ihm erhalten, wenige Tage vor seinem Tod, mit der Bitte, ihn
an mich auszuhändigen. Sogleich schossen mir die Tränen in die Augen. Ich bedankte mich. Wir gaben einander die Hand, dann stieg ich ein und fuhr ab. Unterwegs, über Land fahrend, das Weiß des Schnees ringsum,
hielt ich irgendwann an einem Wegkreuz an. Ich wartete, ich weiß nicht wie lange. Dann öffnete ich den Brief.
Es stand nur ein Wort in dem Brief, das Wort DU, beide
Buchstaben groß geschrieben. Ich verstand auf der Stelle.
Wie hätte ich auch nicht verstehen können. Der Dank
überflutete mich. Unter Tränen sagte ich unaufhörlich
danke, danke, danke. Und ich stammelte, *ich preise Dich,
Herr, ich preise Dich,* und ähnliche Worte, wie es halt Kinder tun. Ich war angekommen, endlich. Ich war angekommen.

to the happy few